基礎からわかる
ちりめん細工のつるし飾り
人気の20種のちりめん細工

監修　井上重義

四季の花のつるし飾り

八重桜、がく紫陽花、菊、椿など
季節を象徴する花を
飾って輪さげにした
華やかなつるし飾りです。
好みの花をバランスよく選んで
華やかに飾りましょう。
制作／高橋公子
作り方89ページ

JN160798

日本ヴォーグ社

目次

- 四季の花のつるし飾り　1
- 鉄線の一連飾り　2
- 牡丹の一連飾り　3
- おもちゃづくしのつるし飾り　4
- お正月の輪さげ　5
- 梅とおしどりの二連飾り　6
- ばらの一連飾り　7
- 出目金の二連飾り　8
- ざくろと松笠の一連飾り　9
- 菊の一連飾り　9
- 端午の一連飾り　23
- 蟬と朝顔の二連飾り　36
- 柿の二連飾り　47
- くす玉飾り　57
- 桜と橘のくす玉　65

人気の20種のちりめん細工

1. 八重桜袋　12
2. 牡丹袋　15
3. 這い子人形袋　18
4. 竹の子袋　21
5. ばら袋　24
6. 鉄線袋　28
7. がく紫陽花袋　31
8. 蟬袋　34
9. 出目金袋　37
10. 松笠袋　40
11. さくろ袋　40
12. 柿袋　45
13. 菊袋　48
14. おしどり袋　51
15. 犬張子　54
16. でんでん太鼓　54
17. こま袋　60
18. 雛人形　62
19. 梅袋　66
20. 姫だるま　69

- ちりめん細工　作り方の基礎　72
- 作品の作り方　76
- 実物大型紙　92

鉄線の一連飾り
鉄線はクレマチスとも呼ばれ、大きな花びらのような6枚の額が大輪のように見える美しい花です。紫、白、ピンクと色を変えて一連の飾りに仕立てました。
制作／黒田正子
作り方82ページ

はじめに

　ちりめん細工は江戸時代後半から明治時代にかけ、当時の裕福な階層の女性たちが着物の材料に使われていた絹織物の縮緬の端裂を縫い合わせて、花や鳥、動物、玩具、人形などの小袋や小箱などに作った伝統手芸です。明治時代には女学校でも教養のひとつとして教えられました。しかし大正末期から昭和初期にかけての西洋風なハイカラブームによって手芸の世界でも西洋風なものに関心が移り、和の手芸のいくつかが忘れられました。

　私は日本各地の手まりや姉さま人形などを収集する過程でその存在に気付き、この素晴らしい伝統手芸が再興できないかと考え、江戸や明治期の古作品や文献資料を収集してきました。そして1986年に収集資料を展示すると共に、当館に集われた愛好者の皆様と共に勉強会（現在は研究会）を発足。以降考案した型紙や制作手法などを発表し、ちりめん細工の普及と質の向上を図り、日本女性の手の技や美意識の素晴らしさを伝えるちりめん細工の復興に取り組んできました。

　ちりめん細工という言葉も、もとは「裁縫お細工物」と呼ばれていたものを、1994年に私が「ちりめん細工」という言葉を考え出版物や展覧会で使ったのが定着しました。

ちりめん細工のつるし飾りの全国的なブームがおきたのは1998年に伊豆の稲取で桃の節句につるし飾りが復活したことがきっかけです。その後全国各地で町おこしの一環として飾られるようになりました。私は桃の節句だけでなく、折々の季節にも飾れる作品の数々を講師の皆様と考えて出版してきました。

　日本ヴォーグ社からの出版は「四季の傘飾り」(2007年)、「お手玉とお祝い物」(2009年)、「ちりめん細工つるし飾りの基礎」(2011年)、「ちりめん細工つるし飾りの基礎2」(2014年) に続き、今回で5冊目です。この本でもこれまで同様に20作品の作り方を詳しく解説していますが、八重桜袋、ばら袋、姫だるまなどはこの本で初めて発表する創作作品です。また竹の子袋、がく紫陽花袋、ざくろ袋、鉄線袋、松笠袋、こま袋、這い子人形袋も昔からの伝承作品ではなく、当館の講師陣が考案した作品を基に新たな感性で質の向上を図り、皆様にお作りいただくために発表しました。掲載作品を公的な場で展示いただく場合は、参考文献として当書名を表示いただければ幸いです。

　　　　　　井上重義（日本玩具博物館館長）

牡丹の一連飾り
華麗に咲いた牡丹の花を
一連飾りに仕立てました。
花びらの色と花の大きさも少しずつ変えて、
変化をつけています。
制作／小玉聖子
作り方80ページ

おもちゃづくしの つるし飾り

子どもの成長を祝う輪さげを
幼な子が喜ぶ
でんでん太鼓や犬張子、
まりなど楽しいおもちゃで作りました。
お誕生などのお祝いの席にもぴったりです。
制作／宗片由美子
作り方79ページ

お正月の輪さげ

こま袋、鶴と亀、羽子板など
お正月らしい
おめでたいモチーフを
集めた輪さげです。
七宝まりや火打ちも合わせて
上品にまとめました。
制作／松井七重
作り方76ページ

梅とおしどりの二連飾り

しだれ梅が咲き匂う水辺を
仲良しのおしどりが泳ぐ
新春のイメージをつるし飾りに。
つるし台の上に
梅の花がこぼれています。
制作／大西初美
作り方80ページ

ばらの一連飾り

大輪のばらの花を
ちりめん細工で創作した新作です。
上品なピンクの花を
一連の飾りにしました。
鮮やかな緑の葉と
ひも先のつぼみが花を引き立てます。
制作／竹内友美
作り方85ページ

出目金の二連飾り

日本の夏の風物、
金魚が揺れる
季節感あふれる二連の飾り。
打ちひもで藻を作り、
50cmのつるし台に飾りました。
制作／梅川久仁子
作り方81ページ

ざくろと松笠の一連飾り

ざくろと松笠を
交互につるして、
季節感を演出する
一連飾りに。
つるしひもは秋らしく
赤とんぼの結びにしています。
制作／井上曜子
作り方81ページ

菊の一連飾り

色とりどりの
菊を飾った一連飾りは、
大輪の花の間につぼみを入れて
仕上げました。
菊を飾る重陽の節句の飾りにも
ふさわしい作品になりました。
制作／南 尚代
作り方83ページ

1. 八重桜袋

桜は江戸時代から
ちりめん細工の題材として好まれ、
作られてきました。
しかし八重桜のちりめん細工を
見かけることはなく、
ひと工夫して八重桜袋を創作しました。
緑や黄の花は御衣黄という品種がモデルです。

制作／1 藤本保子　2・4 小島悠紀子　3 大西初美
実物大型紙92ページ
作り方解説／藤本保子

材料
ちりめん　ピンクぼかし35×30cm
　　　　　黄緑10×30cm
白薄絹5×20cm　接着芯50×30cm
緑の打ちひも90cm
ペップ100本　綿棒1本　ワイヤーNo.24
18cm
両面接着シート　化繊綿少々
※縫い代は指定以外すべて0.5cmつける

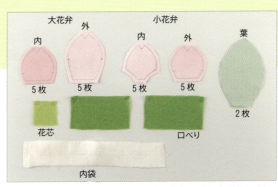

1 大花弁の外・内各5枚、小花弁の外・内各5枚、葉2枚はそれぞれ接着芯を貼り、縫い代をつけて裁ちます。花芯1枚、口べり2枚、内袋1枚は接着芯を貼らずに裁ち切りにします。

2 大花弁の外と内を中表に合わせて印から印までを縫い、縫い代を切りそろえます。

3 表に返します。

4 残した印から下部分の大花弁の外と外、大花弁の内と内をそれぞれ中表に合わせ、縫います。同様に5枚を輪に縫います。

5 小花弁の外と内を中表に合わせて印から印までを縫い、縫い代を切りそろえます。大花弁同様に5枚を輪に縫います。

6 大花弁の内と小花弁の外を互い違いに中表に合わせてぐるりと縫います。

7 表に返します。

8 花芯を綿棒の先に巻き、糸で縛ってくるみ余分な綿棒をカットします。

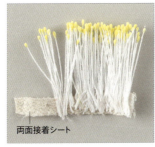

9 細く切ったちりめん(0.5×2cm)の上に両面接着シートを貼り、その上にペップを並べて貼ります。

10 花芯を9でくるみ、小花弁の中に入れ縫いとめます。

11 表からペップを整えます。

12 葉2枚を中表に合わせて縫い、表に返します。葉の中心にU字に曲げたワイヤーを入れ、葉の裏からワイヤーごと巻きかがります。

13 巻きかがったところ。葉の裏側。

14 口べり（裁ち切り）を用意し、ひも通し口を残して中表に輪に縫い、縫い代を割りおさえ縫いをします。外表に半分に折り、下辺をしつけします。

15 内袋（裁ち切り）を用意し、中表に輪に縫います。

16 花弁に口べりを中表に合わせしつけをします。その上に内袋を中表に重ねて縫います。内袋の底を均等に5か所すくい糸をひいて絞ります。内袋を中に入れ化繊綿を入れひもを通します。

17 ひも先つぼみを3枚用意します。

18 3枚を順に中表に合わせて縫い、表に返しぐし縫いをします。中に化繊綿とひと結びしたひも先を入れ糸を絞ります。

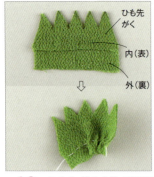

19 ひも先がく2枚を両面接着シートで合わせて貼り、下部分をぐし縫いします。

20 ひもを通してがくを中表に輪に縫います。

21 ぐし縫いしたがくの糸を絞り、表に返しつぼみに縫いとめます。同様にもう一方を作ります。

22 でき上がり。

2. 牡丹袋

牡丹袋は江戸や明治時代から、
ちりめん細工として好んで作られました。
古作を参考に、花芯の周りに
工夫を凝らし黄色いしべを付け、
華やかな牡丹袋に仕上げました。

制作／1・4 小玉聖子　2 清元瑩子　3 宗片由美子
実物大型紙93ページ
作り方解説／清元瑩子

材料
ちりめん　牡丹色35×40cm　緑15×35cm
　　　　　黄色5×30cm　紫5×10cm
白薄絹5×18cm　接着芯90×40cm
緑の打ちひも90cm
ワイヤーNo.26 13本　緑刺しゅう糸適宜
黄色モール2本　化繊綿少々
※縫い代は指定以外すべて0.5cmつける

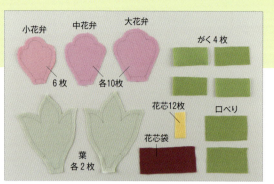

1 大花弁・中花弁を各10枚、小花弁を6枚、葉各2枚、がく4枚はそれぞれ接着芯を貼り、縫い代をつけて裁ちます。花弁袋は接着芯を貼り、裁ち切りにします。内袋1枚と口べり2枚、花芯12枚は接着芯を貼らずに裁ち切りにします。

2 大・中・小花弁をそれぞれ中表に合わせて返し口を残して縫い、縫い代を切りそろえます。

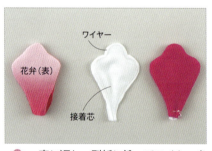

3 表に返し、型紙に沿ってワイヤーを曲げて両面を接着芯で貼ったものを作り、それぞれの花弁の中に入れ、返し口を閉じ、口を縫いとめます。

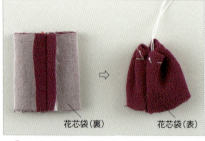

4 花芯袋を中表にして縫い、表に返し縫い代を中に折り込んで5等分して縫います。

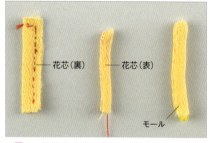

5 花芯を中表に折って針目を細かくして縫い、先端に糸をつけたまま表に返し、中に先を曲げたモールを入れます。これを12本作ります。

6 花芯袋の周囲に花芯12本をバランスよく縫いとめます。

7 6の周囲に小花弁、中花弁、大花弁の順に形よく縫いとめます。

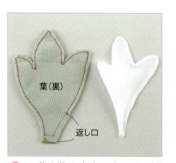

8 葉2枚を中表に合わせ、返し口を残して縫います。型紙に沿ってワイヤーを曲げて両面を接着芯で貼ったものを作り、葉の中に入れ、口を縫います。これを対称に2枚作ります。

9 葉に刺しゅうをします（刺しゅうの仕方は32ページ参照）。

10 7の花に葉を縫いつけます。

11 がく4枚をそれぞれ中表に合わせ輪に縫い、縫い代を割ります。上辺の縫い代を折りしつけをします。

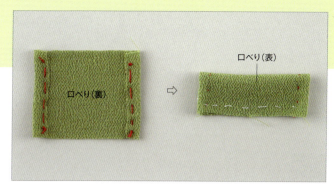

12 口べり2枚（裁ち切り）を用意し、両端を0.5cm折り縫い、外表に半分に折ります。

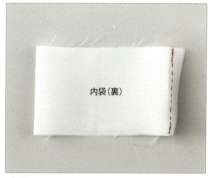

13 内袋（裁ち切り）を用意し、中表に輪に縫います。

14 内袋とがくを中表に合わせ、間に口べりをはさんで縫います。

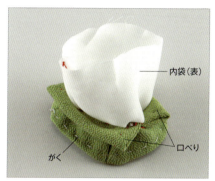

15 縫って表に返したところ。

16 内袋の底を均等に5か所すくい、糸を引いて絞ります。がくを花弁にまつります。

17 内袋に化繊綿を入れ、ひもを通します。ひも通し口の下部を数針まつって始末します。

18 ひも先飾りを作って、でき上がり（ひも先飾りのがくは59ページを参考）。

3. 這い子人形袋

この這い子人形袋は伝統作品でなく
梅川久仁子さんが1992年に発表、
考案された作品です。
それを基にアレンジを重ね、今では
つるし飾りに欠かせない作品になりました。

制作／1・4 石田りつ子　2・3 梅川久仁子
実物大型紙95ページ
作り方解説／梅川久仁子

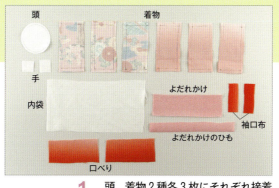

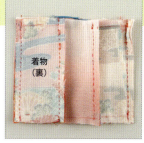

材料 ちりめん　柄15×10cm
　　　　　　赤ぼかし10×30cm
　　　　　　ピンク10×20cm
　　　　　　白20×10cm　赤無地少々
白薄絹10×20cm　接着芯20×30cm
赤の打ちひも70cm　赤・黒刺しゅう糸適宜
化繊綿少々
※縫い代は指定以外すべて0.5cmつける

1 頭、着物2種各3枚にそれぞれ接着芯を貼り、裁ちます。手、袖口布、よだれかけ、よだれかけのひも（17×1.5cm）、内袋、口べりは接着芯を貼らずに裁ち切りにします。

2 着物2種を中表に合わせて0.3cmのところを縫います。交互に6枚輪に縫います。
※縫い代は片倒しにしてきせをかけます。

3 2を表に返し、外表に半分に折ってしつけをした袖口布を縫います。

4 着物を再度裏に返し、袖口部分を4枚一緒に四つ止めし、表に返します。もう一方も同様に袖口布を縫います。

5 内袋（裁ち切り）を用意し、中表に輪に縫います。

6 口べり2枚（裁ち切り）を用意、両端を0.5cm折り縫い、外表に半分に折ります。

7 表に返した着物と内袋を中表に合わせ、間に口べりをはさんで縫います。内袋は底を均等に5か所すくい、糸を引いて絞ります。

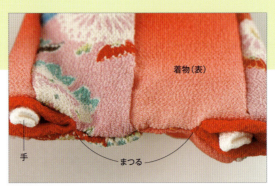

8 斜めに半分に折った手の下部分をたたんで縫います。これを2枚作ります。

9 手を袖口の中に入れ、縫いとめます。袖口と袖口の間を着物の縫い代を入れてまつります。

10 頭を用意し、周囲をぐし縫いし、化繊綿を用意します。

11 化繊綿を入れて縫い代を中に入れ込んで糸を引き、糸を渡してまつります。

12 髪、目、口、を刺しゅうします（刺しゅうは67ページ参照）。

13 着物に頭を縫いつけます。

14 よだれかけを外表に折り、上部をぐし縫いします。

15 よだれかけのひも（1.5×17cm）とよだれかけを中心同士で合わせて縫い、両側の結びひも部分は細かい針目で縫います。

16 表に返し★印から★印までは縫い代を折ってよだれかけにまつります。両端にとじ房をつけます（P59参照）。

17 口べりにひもを通し、ひも先飾りをつけ（36ページ参照）、頭の周囲によだれかけをつけてでき上がり。

4. 竹の子袋

旬の味覚の竹の子を縮緬で袋にした
作品は2000年に内林泰子さんが発表。
すくすく伸びる若芽までもが表現され、
使う色と柄で雰囲気が変わります。

制作／1・2 高橋公子　3 松井七重
　　　4・5 清元瑩子
実物大型紙97ページ
作り方解説／高橋公子

5. ばら袋

美しく豪華なばらの花は
江戸時代から人々に愛され、
明治時代になると花の女王として
親しまれましたが、なぜか
ちりめん細工では見かけませんでした。
その華やかな花を
ちりめん細工として創作しました。

制作／1・3・5竹内友美
　　　2寺嶋智恵子　4石田りつ子
実物大型紙97ページ
作り方解説／竹内友美

材料
ちりめん　ピンク35×40㎝
　　　　　緑10×30㎝
白薄絹5×15㎝　接着芯35×50㎝
緑の打ちひも90㎝
ワイヤーNo.24 15㎝×3本　17㎝×3本
でんぷんのり　両面接着芯・化繊綿各少々
※縫い代は指定以外すべて0.5㎝つける

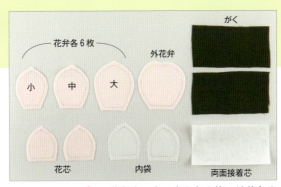

1 花弁大・中・小を各6枚、外花弁6枚、花芯2枚にそれぞれ接着芯を貼り、縫い代をつけて裁ちます。内袋用布2枚は縫い代をつけて、口べり(裁ち切り)とがく(粗裁ち)は接着芯を貼らずに裁ちます。

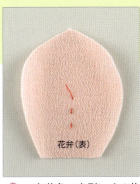

2 各花弁の内側にくる花弁3枚に糸で印をつけます。

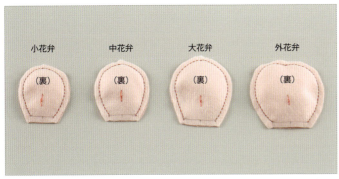

3 花弁大・中・小と外花弁2枚(1枚は糸で印をつけたもの)をそれぞれ中表に合わせて印から印までを縫います。

4 各花弁の縫い代を0.3㎝に切りそろえます。

5 表に返し、小花弁と中花弁は糸印をつけていない外側の花弁を下にずらして、花弁が外に向けてそるように返し口をしつけします。

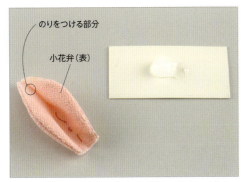

6 小花弁は糸印を内側に半分に折り、先端部分にでんぷんのりをつけてしばらくおきます。中花弁も同様に作ります。

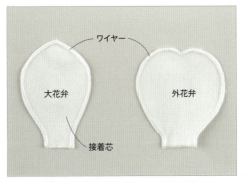

7 大花弁と外花弁用には型紙に沿ってワイヤーを曲げて両面を接着芯で貼ったものを3枚ずつ作ります。

8 7を花弁の中に入れ、口を縫いとめます。5のように返し口をしつけします。

9 大花弁と外花弁はそり返るように形を整えます。

10 花芯2枚を中表にし、内袋2枚も中表にしたものを4枚重ねて、四つ縫い（4枚一緒に縫う）します。

11 花芯2枚の間から表に返し、口の周囲をしつけし中に化繊綿を詰めます。

12 花芯の周囲に小花弁3枚を縫いとめます。

13 糸印をとり、花弁同士を一針縫いとめます。

14 同様に周囲に中花弁を小花弁の間にくるように重ねて縫い、花弁同士を一針縫いとめます。

15 さらに大花弁を中花弁の間にくるように重ねて縫い、花弁同士を一針縫いとめます。

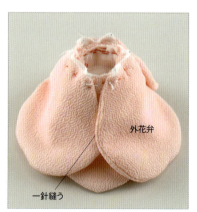
16 最後に外花弁を大花弁の間にくるように重ねて縫い、花弁同士を一針縫いとめます。

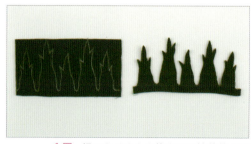
17 緑のちりめん2枚を両面接着芯で貼り、がくの印を描き、裁ちます。

18 がくを16の周囲に縫います。

19 口べり2枚(裁ち切り)を用意し、三方を0.5cm折り、縫います。

20 がくの周囲に口べりを中表に合わせて縫います。口べりの端を内袋にまつります。化繊綿を入れてひもを通します。

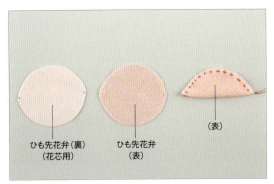

21 ひも先用の花弁3枚を用意し(花芯用のみ接着芯を貼る)、それぞれ半分に折り、曲線部分をぐし縫いし糸を引きます。

22 ひと結びしたひも先に花弁1枚は巻いて花芯にし、その周囲に2枚を重ねて縫います。

23 **17**同様にがくを作り、ひもを通して中表に輪に縫います。

24 がくの下側を縫いしぼり、花弁側に倒して花弁に星どめします。

25 でき上がり。

6. 鉄線袋

江戸時代に中国から伝来、
広く栽培されるようになった花。
1998年に奥田千沙子さんが発表。
それを基に中心のおしべに工夫が
凝らされた素晴らしい鉄線袋です。

制作／1・2 黒田正子
3・4 秋田なをみ
実物大型紙94ページ
作り方解説／黒田正子

材料
ちりめん　紫20×30cm　緑10×20cm
　　　　　白10×20cm　黄5×10cm
白薄絹8×20cm　接着芯35×30cm
緑の打ちひも90cm　緑刺しゅう糸適宜
両面接着シート・化繊綿各少々
※縫い代は指定以外すべて0.5cmつける

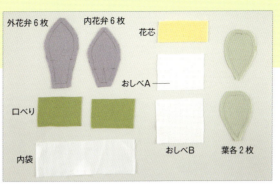

1 内花弁・外花弁を各6枚、葉4枚にそれぞれ接着芯を貼り、縫い代をつけて裁ちます。内袋、口べり、おしべABと花芯は接着芯を貼らずに裁ち切りにします。

2 内花弁のダーツを縫います。

3 内花弁と外花弁を中表に合わせて印から印までを縫います。

4 縫い代を切りそろえ表に返します。

5 同様に6枚作り、内花弁同士を中表に合わせて縫いつなぎ、外花弁は2か所あけて縫いつなぎます。

6 表から見たところ。

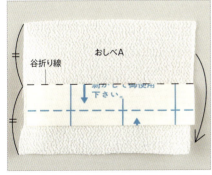

7 おしべAを折り線で折り両面接着シートを貼ります。おしべBも同様にします。

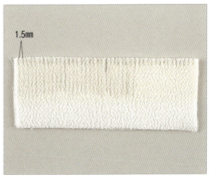

8 おしべに1.5mm間隔で印を描きます。

9 印にはさみで切り込みを入れ、先端を斜めにカットします。

10 花芯は中表に合わせて縫い、上辺をぐし縫いして絞ります。

11 表に返し、化繊綿を入れます。

12 花芯の周囲におしべA・Bを縫います。

13 12を花弁の中心に差し込み、中表に合わせて縫います。残しておいた外花弁を縫い合わせます。

14 内袋を中表に合わせて輪に縫い、底を均等に5か所すくい、糸を引いて絞ります。

15 口べり2枚(裁ち切り)を用意し、両端を0.5cm折り縫います。

16 13の内側に内袋を入れ、周囲に口べりを中表に合わせて縫います。口べりの端を内袋にまつります。

17 口べりにひもを通し、ひも先をはさんで葉をつけます(葉の作り方は16ページ参照)。

18 でき上がり。

7. がく紫陽花袋

お茶花としても人気がある花。
中央部の小花を囲むように大きながくが
取り囲んでいることからがく紫陽花の名が。
2003年に藤本正子さんが創作し、
それを基に様々な作品が誕生しています。

制作／1 岩本弘子　2・4 辻 芳子　3 三好裕子
実物大型紙96ページ
作り方解説／岩本弘子

材料
ちりめん　しぼり35×20cm　緑10×30cm
　　　　　ピンクぼかし・白15×20cm
　　　　　黄緑5×10cm
白薄絹10×30cm　接着芯35×30cm
緑の打ちひも90cm　緑刺しゅう糸適宜
ワイヤーNo.24　35cm　化繊綿少々
※縫い代は指定以外すべて0.5cmつける

1 花台ア1枚・イ3枚・ウ3枚・エ6枚は接着芯を貼らずに縫い代をつけて裁ちます。

2 ア〜エを中心からそれぞれ中表に合わせて印から印まで縫い、縫い代を割ります。

3 葉は接着芯を貼り、4枚(左右対称)に縫い代をつけて裁ちます。

4 表側のみ葉脈をアウトラインステッチ(2本どり)で刺しゅうします。

5 葉2枚を中表にし、返し口を残して縫います。型紙に沿ってワイヤーを曲げて両面を接着芯で貼ったものを作り、葉の中に入れ、口を縫います。これを2枚作ります。

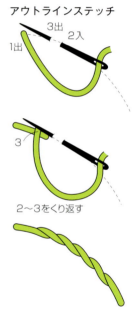

アウトラインステッチ

6 花台の裏に葉を縫いとめます。

7 口べりを用意し2枚を中表に合わせ、中心にひも通し口を残して上下3.5cmずつ縫い、縫い代を割って縫いおさえます。

8 口べりを外表に半分に折り、花台の周囲にしつけします。

9 内袋(裁ち切り)を用意し、中表に輪に縫います。

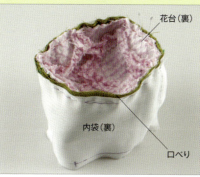

10 口べりの周囲に内袋を中表に合わせて縫います。内袋の底を均等に5か所すくい、糸を引いて絞ります(44ページ参照)。

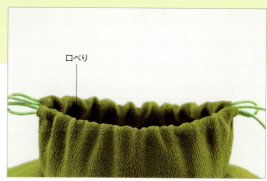

11 内袋に化繊綿を入れ、口べりにひもを通します。

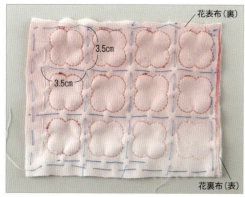

12 花を作ります。表布、裏布共に接着芯を貼り、中表に合わせ、目立つ色の糸で3.5cm角の格子にしつけをかけ、表布の裏に花の形を描き細かく縫います。

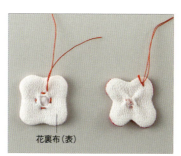

13 花の周囲に0.2cmの縫い代をつけて裁ち、4か所の凹み部分に切り込みを入れます。裏布の中心を小さく十字にカットし表に返し、裏から中心を4か所すくい糸を引きます。

14 花芯は1cm角の布を丸くぐし縫いし、縫い代を中に入れて糸を引きます。

15 糸をつけたまま花の中心に花芯を縫いとめます。同様にして15個作ります。

16 つぼみは正方形の布の縫い代を折り込み、4角を折り辺の真ん中をそれぞれ糸で絞って作ります。

17 いくつも作ってつなげておくとよいでしょう。

18 花13個とつぼみを花台に、ひも先には花2個を縫いとめてでき上がり。

8. 蝉袋

鳴き声で夏の訪れを告げる蝉。
春の蝶と並んで人気があり、昔からちりめん
細工の題材としてとりあげられ、様々な蝉袋が
作られました。お好みの色や柄で楽しい蝉袋を。

制作／1 仲嶋真弓　2・3 坂東俊子
実物大型紙93ページ
作り方解説／坂東俊子

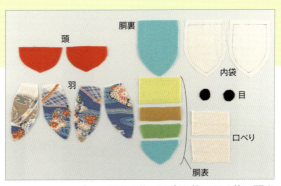

材料

ちりめん　柄10×20cm
　　　　　無地6種各6×15cm
　　　　　黒無地少々
白薄絹10×15cm　接着芯10×30cm
白の打ちひも70cm
化繊綿少々
※縫い代は指定以外すべて0.5cmつける

1 胴表4枚　胴裏1枚、羽4枚、頭2枚にそれぞれ接着芯を貼り、縫い代をつけて裁ちます。内袋2枚は接着芯を貼らずに縫い代をつけて裁ちます。口べりと目は接着芯を貼らずに裁ち切りにします。

2 胴表4枚を順に縫い縫い代を割ります。内袋2枚を用意します。

3 胴表と胴裏2枚を中表に、内袋2枚も中表にしたものを4枚重ねて、四つ縫い(4枚一緒に縫う)します。

4 胴2枚の間から表に返します。

5 羽2枚を中表に合わせて縫い、縫い代を切りそろえて表に返します。これを2枚作ります。

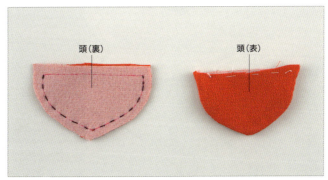

6 胴表に羽2枚を重ねてとめます。

7 頭2枚を中表に合わせて縫い、縫い代を切りそろえて表に返し、口をしつけします。

8 羽の上に頭を重ねてとめます。

 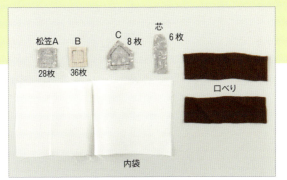 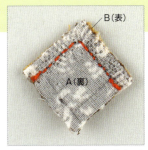

松笠袋

材料

ちりめん　柄(A・C・D用)20×30cm
　　　　　金茶(B用)10×30cm
　　　　　茶 5×20cm
白薄絹10×20cm　接着芯30×30cm
茶の打ちひも70cm　緑の打ちひも15cm
化繊綿少々
※縫い代は指定以外すべて0.5cmつける

1 松笠Aを28枚、B36枚、C8枚、芯6枚に接着芯を貼り、縫い代をつけて裁ちます。内袋と口べりは接着芯を貼らずに裁ち切りにします。

2 AとBを中表に合わせて2辺を印から印まで縫います。

3 表に返し角を出し、Bは対角線に折り上げます。これを28枚作ります。

4 BとCを中表に合わせて2辺を印から印まで縫います。

5 表に返し角を出し、Bは対角線で折り上げます。これを8枚作ります。

6 5を1枚と3を4枚を写真のようにそれぞれ印から印まで縫い、1列に縫い合わせます。

  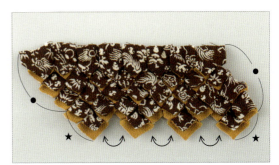

7 同様に5を1枚と3を3枚縫い合わせた1列と中表に合わせて縫います。

8 3列目は6と同様に縫い、7と中表に合わせて縫います。

9 6と7の列を交互にして写真のように8列を縫い合わせ、袋になるように印同士を縫い合わせます。

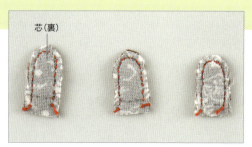

10 芯2枚を中表に合わせて縫います。これを3枚作ります。

11 表に返し、少量の化繊綿を詰め、3枚の根元を縫い合わせます。

12 9に11を縫いとめます。

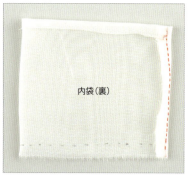

13 内袋（裁ち切り）を用意し、中表に輪に縫います。

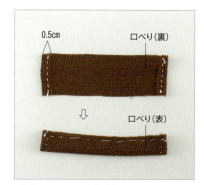

14 口べり2枚（裁ち切り）を用意し、両端を0.5cm折り縫い、外表に半分に折ります。

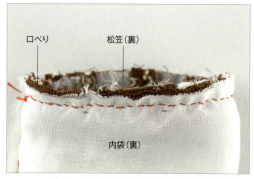

15 松笠と内袋を中表に合わせ、間に口べりをはさんで縫います。

16 内袋の底を均等に5か所すくい、糸を引いて絞ります。松笠の中に入れ、化繊綿を入れてひもを通します。

17 ひも先はひと結びし、半分に折った緑の打ちひも（6cm）をちりめん（0.6×2cm）でくるんでボンドでとめます。

18 でき上がり。

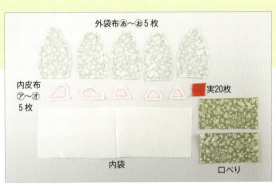

ざくろ袋

材料

ちりめん　柄35×20cm　ピンク5×20cm
　　　　　赤10×20cm
白薄絹10×25cm　接着芯35×30cm
緑の打ちひも90cm
化繊綿少々　厚紙適宜
※縫い代は指定以外すべて0.5cmつける

1 外袋布・内皮布各5枚にそれぞれ接着芯を貼り、縫い代をつけて裁ちます。実は正方形(2×2cm)で20枚を接着芯を貼らずに裁ち切りにします。内袋、口べり2枚は接着芯を貼らずに裁ち切りにします。

2 外袋あと外袋いを中表に合わせて印まで縫います。縫い代は割ります。同様にうからおまでを輪に縫います。

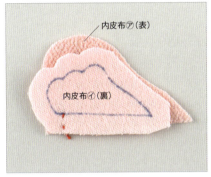

3 内皮布アとイを中表に合わせて、縫い代部分を縫います。同様にウからオまでを輪に縫います。

4 外袋布と内皮布を中表に合わせて、印から印までを縫います。

5 縫い代を切りそろえ、切り込みを入れ表に返します。

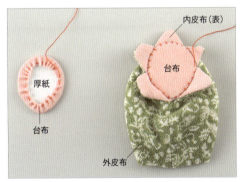

6 台布と厚紙を裁ち、台布の周囲をぐし縫いして厚紙をくるみ、糸を絞ります。内皮布にまつります。

7 実を作ります。円形にぐし縫いし、縫い代を中に入れ糸を絞ります。これを20個作ります。

8 台布にボンドで貼りつけます。

9 内袋(裁ち切り)を用意し、中表に輪に縫います。

10 内袋の底を均等に5か所すくい、糸を引いて絞ります。

11 口べり2枚(裁ち切り)を用意し、三方を0.5cm折り縫います。外袋布の中に内袋を外表に合わせて入れ、周囲に口べりを中表に合わせて縫います。

12 口べりを折り端を内側にまつり、ひもを通します。ひも通し口の下部分をまつります。

13 ひも先飾りを作ります。接着芯を貼ったひも先用布3枚を中表に合わせて印まで順に縫い輪にします。

14 表に返し、先から1cmのところをぐし縫いし、糸を引き絞ります。

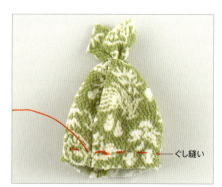

15 もう一方もぐし縫いします。

16 ひと結びしたひも先を入れて、ひも先布の縫い代を中に入れて、糸を引き絞ります。もう一方もひも先飾りをつけます(P36参照)。

17 でき上がり。

12. 柿袋

秋を代表する果実の柿の実を、明治初期頃に使用された型紙を使って作りました。昔の人の知恵がしのばれるシンプルな柿袋です。

制作／1・3 芝田美恵子　2 浜公子
4 秋田なをみ　5 鈴木幸子
実物大型紙100ページ
作り方解説／芝田美恵子

材料
ちりめん　柄10×30cm
　　　　　橙10×15cm
白薄絹10×15cm　接着芯10×30cm
橙の打ちひも50cm
ワイヤーNo.20 11cm
フローラルテープ・化繊綿各少々
※縫い代は指定以外すべて0.5cmつける

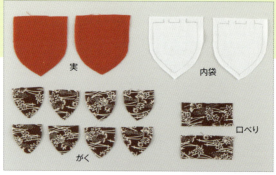

1 実2枚、がく8枚にそれぞれ接着芯を貼り、縫い代をつけて裁ちます。内袋2枚は縫い代をつけて、口べりは接着芯を貼らずに裁ち切りにします。

2 表布のタックは外側に、内袋のタックは内側に倒して縫います。

3 実2枚を中表にし、内袋2枚も中表にしたものを4枚重ねて、四つ縫い（4枚一緒に縫う）をします。

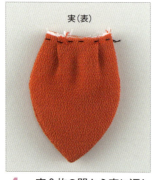

4 実2枚の間から表に返し口をしつけします。

5 がく2枚を中表に合わせて縫い、表に返し、口をしつけします。

6 実の周囲にがくを仮止めします。

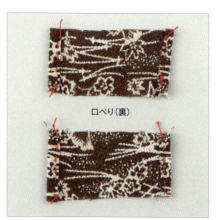

7 口べり2枚（裁ち切り）を用意し、両端を0.5cm折り、縫います。

8 がくの周囲に口べりを中表に合わせて縫います。

9 口べりの端を内側に折りまつり、ひもを通します。

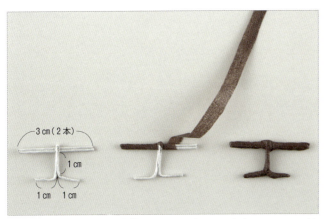

10 ワイヤー（3cm×2本・4cm×1本）を写真のように形作って、茎を作りフローラルテープを巻きます。

11 茎を袋口に入れ、ひも先飾りをつけてでき上がり（ひも先飾りは36ページ参照）。

柿の二連飾り
制作／芝田美恵子　作り方82ページ

13. 菊袋

秋を象徴する菊の花は江戸時代から、ちりめん細工として様々な作風のものが作られました。型崩れしないよう花びらの1枚ずつにワイヤーを入れ、紐先は菊のつぼみをつけて華やかに。

制作／1・5 奥田絹江
2・3 南 尚代　4 番場英子
実物大型紙99ページ
作り方解説／南 尚代

材料
ちりめん　白40×30cm　緑15×30cm
　　　　　黄緑ぼかし10×20cm
白薄絹10×20cm　接着芯35×70cm
黄緑の打ちひも100cm　緑刺しゅう糸適宜
ワイヤーNo.28 12本　化繊綿少々
※縫い代は指定以外すべて0.5cmつける

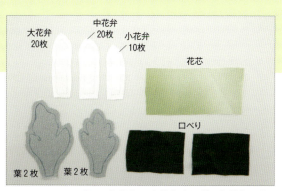

1 大花弁・中花弁各20枚、小花弁10枚、葉大小左右対称に各2枚にそれぞれ接着芯を貼り、縫い代をつけて裁ちます。花芯、内袋、口べり2枚は接着芯を貼らずに裁ち切りにします。

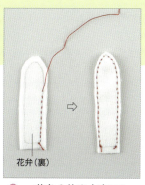

2 花弁2枚を中表にし、印から印まで縫い、縫い代を切りそろえます。

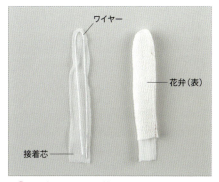

3 表に返し、型紙に沿ってワイヤーを曲げて両面を接着芯で貼ったものを作り、花弁の中に入れます。

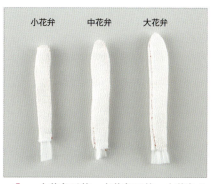

4 大花弁10枚、中花弁10枚、小花弁5枚を作ります。

5 花芯を中表に半分に折り、輪に縫います。表に返し上辺を10等分して糸を引き絞ります。

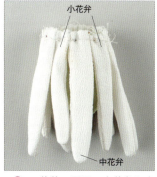

6 花芯の周囲に小花弁と中花弁5枚ずつを交互に縫いとめます。周囲に中花弁と大花弁5枚ずつを交互に縫いとめます。

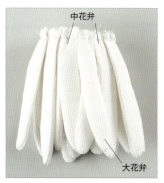

7 さらにその周囲に残りの大花弁5枚を等間隔に縫いとめます。

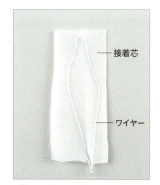

8 葉用に型紙に沿ってワイヤーを曲げて両面を接着芯で貼ったものを作り形にまわりをカットします。

9 葉の1枚に刺しゅうをし、2枚を中表にし返し口を残して縫います（縫い方16、刺しゅうは32ページ参照）。表に返し葉の中に8入れ、口を縫います。

10 7の花に葉を左右に縫いとめます。

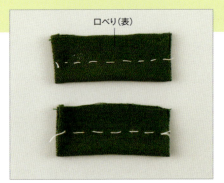

11 口べり2枚（裁ち切り）を用意し、両端を0.5cm折り縫い、外表に半分に折りしつけをします。

12 内袋（裁ち切り）を用意し、中表に輪に縫います。

13 花弁の周囲に口べりを中表に合わせてしつけをします。

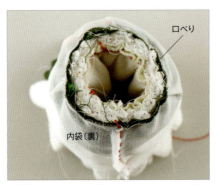

14 口べりに内袋を中表に合わせて縫います。

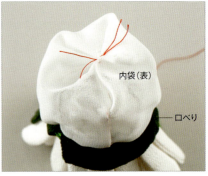

15 内袋の底を均等に5か所すくい、糸を引いて絞ります。

16 ひもを通します。

17 ひも先つぼみを円形にぐし縫いし中に化繊綿を詰め、ひと結びしたひも先を入れて糸を絞ります。中心から放射状に糸を8本渡します。

18 ひも先のがくを中表に合わせて輪に縫い、ひもを通し、一方の縫い代を折り込んでぐし縫いし、もう一方もぐし縫いしてつぼみにまつります。

19 花弁を整えてでき上がり。

14. おしどり袋

夫婦円満の象徴ともされるおしどりは、
江戸時代からちりめん細工として
作られてきました。
このおしどり袋は明治時代に使われた
型紙を一部修正して作った作品です。

制作／大西初美
実物大型紙95ページ
作り方解説／大西初美

江戸時代中期頃から江戸(東京)で
盛んに作られた紙製の犬張り子を模し、
ちりめん細工としても古くから作られてきました。
江戸では男の子が宮参の際、犬張り子の背に
でんでん太鼓を紐で結んだものが祝い物として贈られました。

制作／1 松井七重　2・5 芝田美恵子
　　　3・4 宗片由美子
実物大型紙101・102ページ
作り方解説／犬張子／松井七重
でんでん太鼓／宗片由美子

15. 犬張子

16. でんでん太鼓

犬張子

材料
ちりめん　白30×30cm　赤40×25cm
　　　　　青柄・赤柄各15×10cm
　　　　　黒・水色各少々
接着芯35×30cm　赤刺しゅう糸・毛糸・
両面接着シート各適宜　化繊綿少々　鈴2個
※縫い代は指定以外すべて0.5cmつける

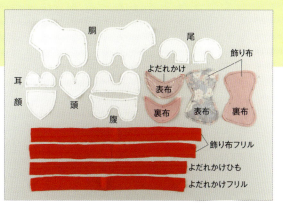

1 耳・顔・頭各1枚、胴・腹・尾各2枚、よだれかけ、飾り布表裏各2枚はそれぞれ接着芯を貼り、縫い代をつけて裁ちます。飾り布フリル2枚（38×3cm）、よだれかけひも（37×3cm）、よだれかけフリル（35×3cm）各1枚は接着芯を貼らずに裁ち切りにします。

2 耳と頭を中表にし、印から印までを縫い、縫い代を切りそろえ切り込みを入れます。

3 耳と顔を中表にし、印から印までを縫い、縫い代を切りそろえます。

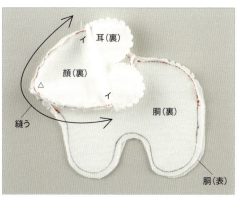

4 顔と胴を中表にし、イ～△～イまでを縫います。

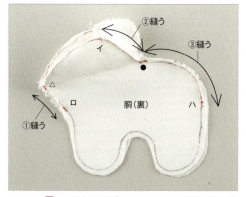

5 胴と胴を合わせ△～ロ、頭と胴を合わせイ～●（2辺縫う）、胴と胴を合わせ●～ハを縫います。

6 頭と顔、胴が縫えました。

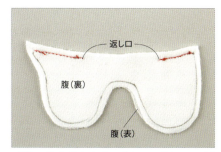

7 腹2枚を中表に合わせて返し口を残して左右の印から印までを縫います。

8 胴と腹を中表に合わせ、足先まで縫い合わせます。縫い代を切りそろえ、切り込みを入れます。返し口部分にしつけをします。

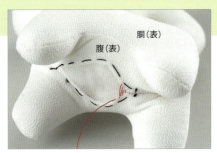

9 表に返して綿をしっかり詰め、返し口を閉じしつけ糸を抜きます。

10 尾2枚を中表に合わせて縫い、縫い代を切りそろえ切り込みを入れます。表に返し綿を詰め、縫い代を閉じます。

11 胴に縫いつけます。

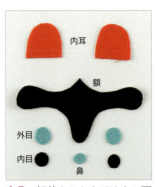

12 粗裁ちしたちりめんに両面接着シートを貼り、型紙に合わせて内耳、額、鼻、外目、内目を裁ち切りにします。

13 内耳、額、鼻、外目、内目を顔に貼り、口を刺しゅうし、ひげを描きます（刺しゅうは67ページ参照）。

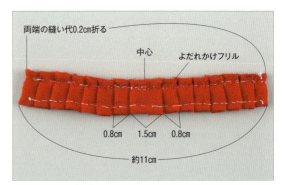

14 よだれかけフリルの両端の縫い代を折り、外表に二つ折りにして長さ約11cmになるようにタックをとり、しつけでとめます。

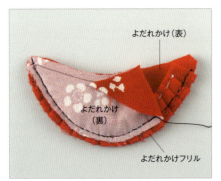

15 よだれかけ2枚を中表に合わせ、間によだれかけフリルをはさんで縫い、表に返します。

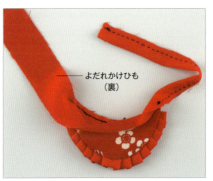

16 よだれかけとよだれかけひもを中心同士で合わせ、結びひも部分を残して縫います。結びひも部分を中表に合わせて細かい針目で縫い、表に返します。

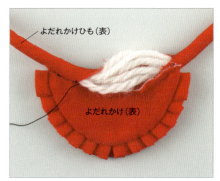

17 ひもを表に返し、残しておいた部分からよだれかけひもの中に毛糸を6本通し、残りをまつります。

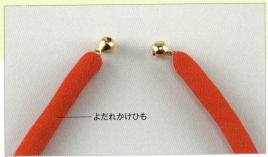

18 よだれかけのひもの先にそれぞれ鈴をつけます。

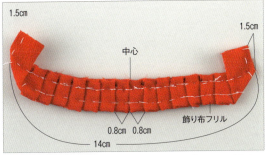

19 飾り布用フリルを外表に二つ折りにして長さ約14cmになるようにタックをとり、しつけでとめます。2枚作ります。

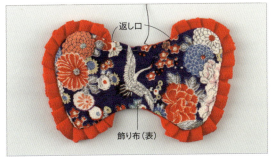

20 よだれかけ同様に飾り布2枚を中表に合わせ、間にフリルをはさんで縫い、表に返し、返し口をまつります。

21 飾り布を内側で胴に縫いとめ、よだれかけを結んででき上がり。

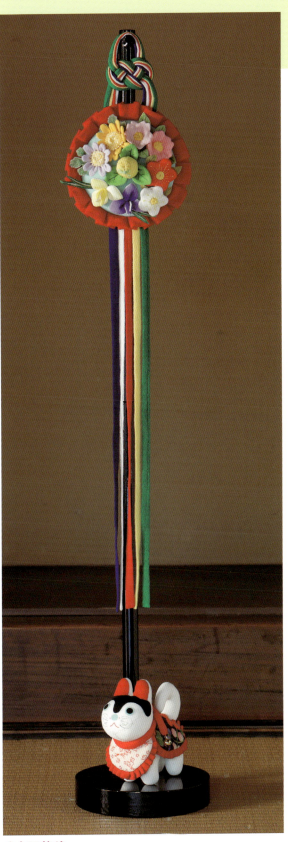

くす玉飾り
制作／南 尚代　作り方83ページ

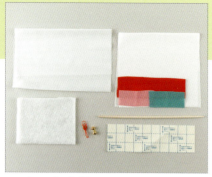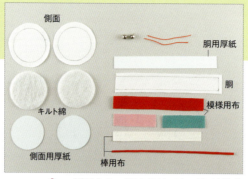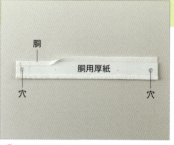

でんでん太鼓

材料
ちりめん　白15×20cm　緋色10×30cm
　　　　　ピンク・水色各少々
接着芯35×30cm　オレンジの打ちひも20cm
直径0.4cm長さ14cmひのき丸棒1本　両面接着シート
厚紙　キルト綿7×12cm　化繊綿少々　鈴2個
※縫い代は指定以外すべて0.5cmつける

1 側面2枚、胴1枚はそれぞれ接着芯を貼り、縫い代をつけて裁ちます。側面キルト綿、厚紙（側面用、胴用）は裁ち切りにします。模様用布（粗裁ちしたピンク、水色、緋色）、棒用布（白、緋色）は両面接着シートを貼ります。

2 両脇に穴を開けた胴用厚紙を胴でくるんでボンドで貼ります。厚紙と同位置に胴も穴を開けます。

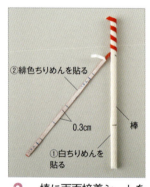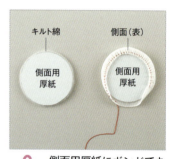

3 棒に両面接着シートを貼った白ちりめんを巻き、その上に0.3cm幅に切った緋色ちりめんを斜めに巻きます。

4 胴を穴を合わせるようにして輪にしボンドで貼ります。打ちひもに鈴を結んで胴の横2か所に穴を開けて通し、裏側で結びます。

5 胴に3の棒を通し、ボンドで貼ります。

6 側面用厚紙にボンドでキルト綿を貼ります。周囲をぐし縫いした側面で6をくるんで糸を引き絞ります。これを2枚作ります。

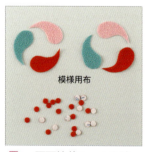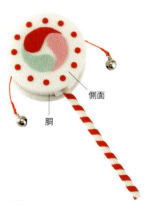

7 両面接着シートを貼った模様用布を巴柄に切り抜きます。○は0.4cmの穴開けパンチで24個抜きます。

8 側面に模様の位置を描き、7を貼ります。

9 同様に2枚作ります。

10 胴に側面をボンドで貼ってでき上がり。

ひも先飾りとひも結び

〈ひも先飾り〉

つぼみ

花びら

1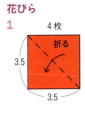
4枚
3.5
3.5
折る

2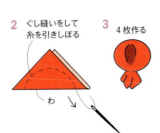
ぐし縫いをして糸を引きしぼる
わ

3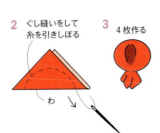
4枚作る

がく

4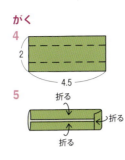
2
4.5

5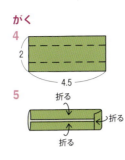
折る
折る

6
小のポンポン（36ページ）
ポンポンの回りに縫いつける

7
縫いつける
がくを巻き、内側に折ってひもに縫いとめる

〈ひも結び〉

花結び

1
2
3
4
5
6
矢印の方向に引いて中心をしめる
7
わを引いて形を整える

吉祥結び

1 1周め：右回り
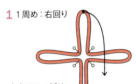
中央で二つ折り（または2本で結ぶ）してピンでとめ、左右に同じ大きさの輪を作る

2 右の輪を下の輪にのせる

少しゆるめに折り返す

3 下の2本を左の輪にのせる

4
左の輪を通す

5
4方向に軽く引きしめる（きつく引くと仕上がりの耳が小さくなる）

6 2周め：左回り

上の2本を左の輪にのせる

7
左の輪を下の輪にのせる

8
下の輪を右の輪にのせる

9
右の輪を通す

10
くずさないように注意して引きしめ、耳を作る

11
表
耳

〈房〉

足し房

1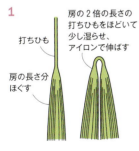
打ちひも
房の長さ分ほぐす
房の2倍の長さの打ちひもをほどいて少し湿らせ、アイロンで伸ばす

2
糸をしっかり巻きつける
1cm
二つ折り

3
しっかりと結ぶ
0.5cm
切る

4
0.8cm
下におろして結び先端を切りそろえる

とじ房

1
内側に折る

2
糸を通す
1 2

3
3

4
糸を引き絞る

5
2回結ぶ

6
糸の端をそろえて切る

17. こま袋

こまは正月の遊び道具として昔から親しまれてきました。遊ぶだけでなく子供が早く独り立ちするようにと正月に、飾りこまを贈る風習も地方にあります。そのこまをちりめん細工として創作。お正月の飾りにもぴったりです。

制作／1 梅川久仁子　2 松井七重
3・4 石田りつ子　5 坂東俊子
実物大型紙96ページ
作り方解説／梅川久仁子

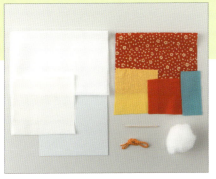

材料
ちりめん　柄25×15cm
　　　　　無地3種各10×10cm
白薄絹25×15cm　接着芯25×25cm
緋色の打ちひも70cm
厚紙適宜　つま楊枝1本
※縫い代は指定以外すべて0.5cmつける

1 側面、縁、表布3種はそれぞれ接着芯を貼り、縫い代をつけて裁ちます。内袋は接着芯を貼らずに裁ち切りにします。厚紙で円3種、縁ABを用意します。

2 側面と内袋をそれぞれ中表に合わせて輪に縫います。

3 側面と内袋を中表に合わせて、袋口同士を縫います。内袋の底は5等分にして縫います（44ページ参照）。

4 表に返し、側面の内側に円形に貼った厚紙Bを入れてボンドで貼ります。

5 厚紙Aを円形に貼り、周囲をくるむように縁用ちりめんをボンドで貼ります。

6 4の周囲に5をかぶせ、ボンドで貼ります。

7 袋口部分を13等分し、ひも通しを縫います。

8 写真のようにひもを通します。

9 厚紙3種に、それぞれ周囲を縫い縮めた表布を貼ります。

10 表布を貼った円を重ねて貼り、9の中心に黒く塗ったつま楊枝を貼ります。

11 側面に9をボンドで貼り、ひも先飾りをつけてでき上がり（ひも先飾りは36ページ参照）。

18. 雛人形

やさしい風合いのある縮緬で作ったお雛様。
小さな手のひらに載るほどの大きさですが
上品で格調があります。
桜袋と橘袋は菜の花袋の手法で作りました。

制作／酒居美幸
実物大型紙103ページ
作り方解説／酒居美幸

材料(女雛1体分)
ちりめん　柄20×30cm　赤20×30cm
　　　　　色無地・ぼかし3種各少々
　　　　　白10×20cm
接着芯35×30cm　すが糸
和紙　両面接着シート　ワイヤーNo.20　1本
黒・赤刺しゅう糸・おもり・化繊綿適宜
厚紙15×20cm
(男雛は他に黒ちりめん、紫の打ちひも
直径2cmスチロール玉1個、ハガキ
ワイヤーNo.20・黒和紙少々)
※縫い代は指定以外すべて0.5cmつける

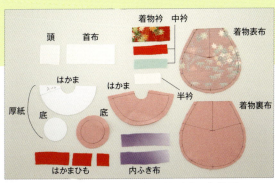

(作り方は髪と持ち物以外男女兼用)

1 着物表布、裏布各1枚、はかま・底各1枚は接着芯を貼り、縫い代をつけて裁ちます。頭、首布、着物衿、中衿2枚、半衿1枚、内ふき布2枚、はかまひも3枚は接着芯を貼らずに裁ち切りにします。厚紙ではかまと底を用意します。

2 頭を作り、6cmに折ったワイヤーに刺して首に綿と首布、外表に半分に折った半衿を巻いてボンドで貼り、頭の刺しゅうをします(頭と刺しゅうは20ページ参照)。

3 後頭部を用意し(直径3cmのちりめん)、円形にぐし縫いし中に化繊綿を入れ頭の後ろにまつります(女雛のみ)。

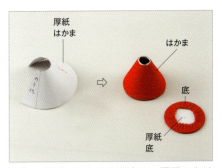

4 厚紙ではかまを用意し、周囲にちりめんをボンドで貼ります。厚紙にちりめんを貼り底を作ります。

5 4の中に3を入れ、ボンドで固定します。

6 中衿2枚をそれぞれ外表に半分におり、首元にボンドで貼ります。

7 上側1cmを折った着物衿を同様に貼ります。

8 はかまひも(幅2.5cmを2.5cm、3.5cm、7cmにカット)を中表に2つ折りにして縫い表に返し、ボンドではります。

9 はかまにはかまひもを巻いてボンドで貼り、ひも下の衿をカットしはかまの中に綿とおもりを入れ底をはめます。

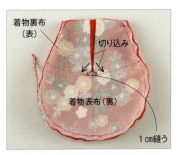

10 着物表布と裏布を中表に合わせて、合印を合わせて縫います。衿ぐりを1cm縫い、中心と衿ぐりの左右に切り込みを入れます。

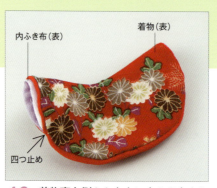
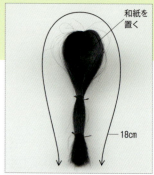

11 着物を表に返し、着物の裏布が少し見えるように整え裾のふちまわりに薄く綿を入れます。内ふき布を外表に半分に折り、綿を入れ縫います。

12 着物裏布側から左右に内ふき布をしつけでとめます。袖口下を着物、ふき布、内ふき布、着物の順に四つ止めします。袖下の縫い代を折りまつります。

13 18㎝のすが糸の束の中央をくくり、放射状に広げて頭の形に丸く整えます。和紙を置いてボンドで貼り、毛先を2か所結びます。

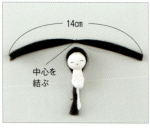

14 **13**を頭にボンドで貼り、14㎝のすが糸の束を貼ります。

15 頭の前部分にボンドで貼り、結んで整えます。

16 扇型の厚紙をちりめんでくるんでボンドで貼り、金糸を放射状に渡し左右に穴を開けて刺しゅう糸を通します。裏に和紙を貼ります。

17 着物の袖に薄く綿を入れ、本体に着せてボンドで貼ります。扇もボンドで貼ってでき上がり。

男雛

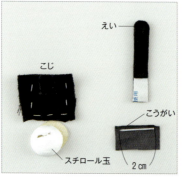

1 1×5㎝の和紙に3㎝にすが糸の束を貼ります。

2 頭にボンドをつけ盛り上げないように貼り、整えます。

3 烏帽子を作ります。スチロール玉を半分に切り中をくりぬきます。ハガキを接着芯とちりめんでくるんでえいを作ります。こじは2枚を中表に合わせて縫い、こうがいはワイヤー（2㎝）を和紙でくるみます。

4 スチロール玉をちりめんでくるみ甲を作ります。甲にこじを縫いとめ、えいをボンドで貼ります。

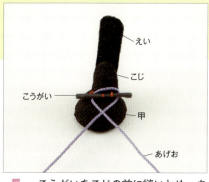

5 こうがいをこじの前に縫いとめ、あげおを交差して巻きます。

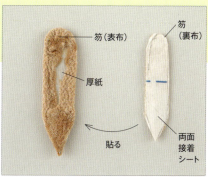

6 笏は裁ち切りの厚紙にちりめんを貼り、裏に両面接着シートで同色のちりめんを貼ります。

7 頭にボンドをつけて烏帽子をかぶせ、あげおを結び、笏を持たせます。

8 でき上がり。

桜と橘のくす玉
制作／清元瑩子　作り方91ページ

19. 梅袋

早春に咲く梅の花は、
遠く江戸時代から
ちりめん細工として作られてきました。
5弁の花びらに
しべの刺しゅうが鮮やかです。

制作／1 鈴木幸子
2・4 三宅京子
3 赤井春子
5・6 石島博子
実物大型紙92ページ
作り方解説／赤井春子

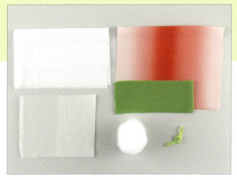

材料
ちりめん　赤ぼかし35×20㎝
　　　　　緑10×30㎝
白薄絹10×20㎝　接着芯35×30㎝
黄緑の打ちひも80㎝　絹手縫い糸　化繊綿少々
※縫い代は指定以外すべて0.5㎝つける

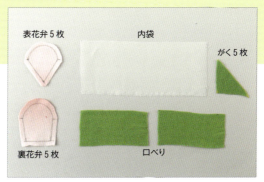

1 表花弁・裏花弁にそれぞれ接着芯を貼り、縫い代をつけて裁ちます。内袋、口べり2枚、がく5枚は接着芯を貼らずに裁ち切りにします。

2 表花弁2枚を中表に合わせ、印から印まで縫い、縫い代を切りそろえます。

3 同様に表花弁5枚を輪に縫いつなぎ、縫い代をアイロンで割ります。

4 表花弁に絹手縫い糸で刺しゅうをします。

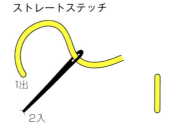

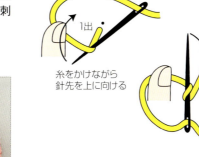

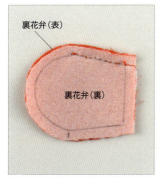

5 裏花弁2枚を中表にし、印から印までを縫い、縫い代を切りそろえます。表花弁同様に5枚を輪に縫いつなぎ、縫い代をアイロンで割ります。

6 表花弁と裏花弁を中表にし、ぐるりと一周縫い、表に返します。

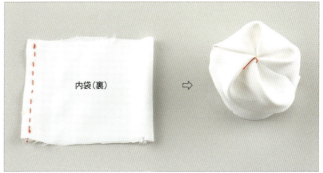

7 内袋(裁ち切り)を用意し、中表に輪に縫い、内袋の底を等間に5か所くい、糸を引いて絞ります。

8 写真のようにがくを半分に折り、縫います。表に返して長辺を縫い、糸を引いて縮めます。

9 **6**の中に内袋を外表に重ね、周囲にがくをしつけします。

10 口べり2枚（裁ち切り）を用意し、両端を0.5cm折り縫います。

11 花弁の周囲に口べりを中表に合わせて縫い、もう一方の口べりの布端を折り内袋にまつります。

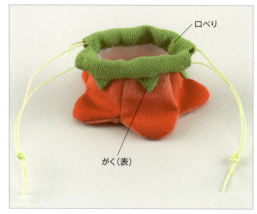

12 花弁の先に少量の化繊綿を入れ、ひもを通します。

13 ひも先飾りをつけてでき上がり（ひも先飾りは36ページ参照）。

20. 姫だるま

だるまは七転び八起きの縁起物として有名ですが、
女性姿のだるまも金沢・松山・博多などで江戸末期や
明治時代から作られました。立派な子供が誕生することを願い、
嫁入り箪笥にも入れられた姫だるまを優しくちりめん細工で。

制作／1 高橋公子　2・3 酒居美幸
実物大型紙102ページ
作り方解説／酒居美幸

材料
ちりめん　柄20×30cm　白15×10cm
　　　　　赤・水色・ピンク各少々
接着芯35×30cm　ピンクの打ちひも40cm
すが糸　直径4.5cmスチロール玉1個
ワイヤーNo.20 1本　赤・黒刺しゅう糸・
化繊綿・カット綿・おもり適宜

1 着物1枚、重ね衿2枚、着物衿1枚は接着芯を貼り、裁ち切りにします。頭、首布は接着芯を貼らずに裁ち切りにします。カット綿(17×9cm程度)を用意します。

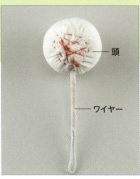

2 頭を作り、6cmに折ったワイヤーに刺します(頭の作り方は20ページ参照)。

3 顔に刺しゅうをし、髪と首布を巻いてボンドで貼ります(刺しゅうは20ページ参照)。

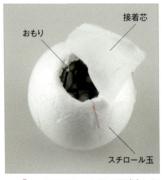

4 スチロール玉の下側から削り(直径2×深さ1.8cm程度)、おもりを入れ、接着芯を貼ってふたをします。

5 スチロール玉に**3**を刺し、首に少しカット綿を巻きます。

6 重ね衿2枚をそれぞれ外表に半分に折って、順に貼り、最後に着物衿を外表に1cm折り、貼ります。

7 始めにボンドをつけ前側、側面、後ろ側にカット綿か化繊綿を巻いて、だるまの形に整えます。

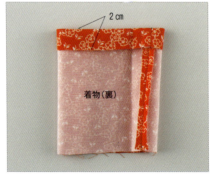

8 着物を中表に縫い、縫い代を割ります。上辺を折りしつけをかけます。

9 表に返し、縫い目を脇にして、前に1.6cmの箱ひだを取り、左右に0.6cmのひだを3本ずつ取り、仮止めをします。

10 ひもの中心に封じ結びをします。

着物(表)

11 片ひだに穴を開けひもを通します。ひも先を中に入れひと結びします。

頭
着物(表)

12 本体に着物を着せ、頭のまわりに綿を入れて仮止めします。

着物(表)
約4cm

13 着物の前後左右を下辺でまとめぐし縫いし、糸を引きます。

着物(表)

14 糸を引いたところ。

着物

15 縫い代を底の中に入れ込み、絞って縫い代を中で広げます。胴に着物をボンドで貼り固定します。

16 着物と同じ色の糸でひだを縫いとめてでき上がり。

〈封じ結び〉

1 引き出して結ぶ

2 アをイと同じ長さにしてそれぞれに輪を作る

3 アとイをそれぞれねじる

4 矢印の方向にくぐらせる

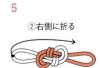

5 ①アとイを左右に引き、同じ長さになるように形を整える
②右側に折る

6 左側に折る

7 左右に引いて形を整える

でき上がり

ちりめん細工　作り方の基礎

ちりめん細工を作る際に必要な材料や用具、知っておくと役立つ基礎知識をまとめました。参考にしてください。

材料

〈ちりめん〉
ちりめん細工では主にちりめんを使います。色柄など作品に合ったものを選びましょう。この本で使用するちりめんは日本玩具博物館で取り扱っています（104ページ参照）。

〈薄絹布〉
主に内袋に使います。胴裏や紅絹など薄手のものがよいでしょう。手に入らない場合は洋服の裏地用のキュプラなども使えます。

〈接着芯〉
ちりめんの裏に貼って使う接着芯は薄手の柔らかいものが適しています。片面に接着剤がついており、アイロンで接着します。

〈打ちひも〉
口べりに通して使うひもです。色や太さは作品に合わせて選びましょう。

〈糸〉
縫い合わせや刺しゅうにも絹の手縫い糸を使います。色は作品に合わせて選びましょう。

〈綿〉
手芸用の化繊綿がよいでしょう。小さくちぎったり、薄くのばしたりして詰めます。

〈縫い針について〉
縫い合わせには絹用の縫い針を使います。四ノ三半や四ノ三くらいがよいでしょう。

針の実物大（四ノ三半）

用具

❶布切り用はさみ…布を裁つはさみ。紙用と分けます。
❷糸切りはさみ…糸や細かい部分を切るのに使用。
❸紙切り用はさみ…紙を切るのに使います。
❹目打ち…印をつけたり、布の角を出すのに便利。
❺リッパー…糸をほどくのに使います。
❻ピンセット…布を表に返したり、綿を入れる際にも便利。
❼鉛筆…型紙作りや布に印をつける際に使います。
❽チャコペン…布に印をつけます。
❾ボンド…布やパーツを貼る際に使います。
❿定規…寸法を測ったり、直線を描くのに使います。
⓫まち針…布を仮止めする際に使います。
⓬ピンクッション…縫い針やまち針を刺しておきます。
⓭アイロン…先の細い、小さなアイロンが便利です。
⓮アイロン台…片面に紙やすりがついているものが布の印つけにも便利。

用具協力／クロバー株式会社

縫い方の基本

ちりめん細工を作る際に知っておきたい縫い方をご紹介します。

玉結び

1 指の上に糸と針を置きます。

2 針に糸を2回巻きつけます。

3 巻きつけた糸を指で押さえて、そのまま針を引き抜きます。

玉止め

1 縫い終わりの目の端に針をあて、指で押さえます。

2 糸を2回巻きつけます。

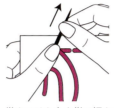
3 巻きつけた糸を指で押さえて、そのまま針を引き抜きます。

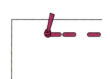
4 2～3mm残して不要な糸をカットします。

※縫い合わせは通常ぐし縫いをしますが、カーブの部分や細かいパーツなどは半返し縫いや本返し縫いなどで縫いましょう。

ぐし縫い 針を押しながら運針し、表も裏も同じ長さの針目で縫う縫い方です。

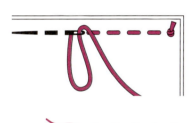

半返し縫い 1針の半分戻って針を入れ、次に1針分より先に針を出します。ぐし縫いより丈夫に仕上がります。

本返し縫い 1針分戻って針を入れ、次に2針分先に針を出します。半返し縫いより丈夫に仕上がります。

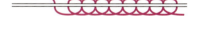

くけ縫い 同幅で折り山の少し奥（0.1cm位）をすくいながら縫う縫い方です。表からは縫い目は見えません。

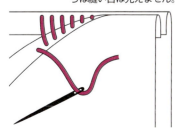

まつり縫い 表に貼り目が目立たないように、裏布を少しすくって縫う縫い方です。

一目落とし 表に出る針目が小さくなるように縫う縫い方です。裏の針目は大きくなります。

型紙の作り方

布を裁つ前に実物大型紙を作りましょう。市販の半透明のシートなどを使うと丈夫で、柄を透かして見ることができて便利です。

実物大型紙について ▶ 作り方ページに掲載の実物大型紙には縫い代がついていません。実物大の大きさの型紙を作り、指定がある場合を除いて周囲に0.5cmの縫い代をつけて布を裁ちます。

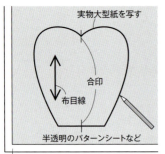

1 実物大型紙の上に半透明のパターンシートを置き、鉛筆で型紙を写します。布目線や合印などもあれば描いておきましょう。

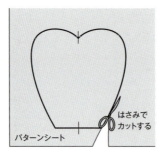

2 写した線をはさみでカットします。

3 これで実物大型紙ができました。

布目と接着芯について ▶ 実物大型紙に描かれている布目とちりめんの布目を合わせて布を裁ちます。接着芯を貼る際には布目を確認して貼りましょう。

接着芯の貼り方

1 接着芯の接着面(のりのついている面)を確認します。

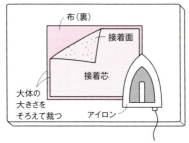

2 アイロン台の上に布の裏と接着芯の接着面を合わせて置き、ちりめんのしぼをつぶさないようにアイロンを軽くあて接着します。

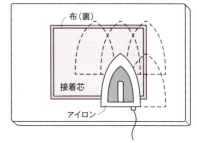

3 同じ布から何枚のピースを裁つ場合、まとめて接着芯を貼ると便利です。その場合、アイロンを滑らせるのでなく、押さえるようにして隙間なくあてて接着します。

縫い代の始末

カーブのある細長いパーツの場合

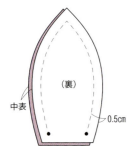

1 2枚を中表に合わせて縫います。

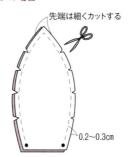

2 縫い代を0.2～0.3cmに切りそろえます。先端部分は細くカットすると表に返した時にきれいです。必要であれば周囲に切り込みを入れます。

凹み部分のあるパーツの場合

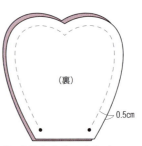

1 2枚を中表に合わせて縫います。

2 縫い代を0.2～0.3cmに切りそろえます。凹み部分とカーブ部分に切り込みを入れます。

四つ止め

巾着のあけ口や布が集まる部分など、接する4枚の折り山をきっちりとめる方法です。折り山4か所を1針ずつすくい、縫いとめます。

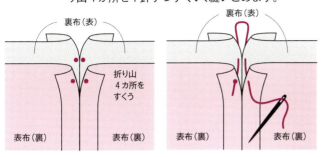

四つ縫い

表布2枚と内袋2枚の4枚を一緒に縫い、表に返す方法です。

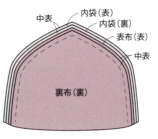

1 表布2枚と内袋2枚をそれぞれ中表に合わせ、4枚一緒に縫います。

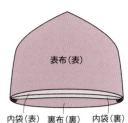

2 表布と表布の間から表に返します。縫い代が表布と内袋の間になります。

口べりのつけ方

口べりには内づけと外づけの2種類の方法があります。縫い方を覚えると便利です。

〈外づけ〉

1 口べりの両端の縫い代を折って縫います。

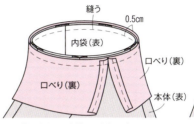

2 本体と内袋を外表に合わせ、側面に口べりを中表に合わせて縫います。

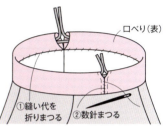

3 口べりの縫い代を折り、内袋にまつります。ひも通し口の下側を数針まつります。

〈内づけ〉

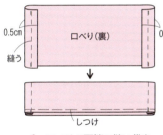

1 口べりの両端の縫い代を折って縫い、さらに外表に半分に折り下側をしつけします。

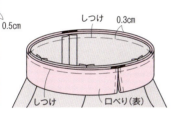

2 本体の側面に口べりを合わせてしつけします。

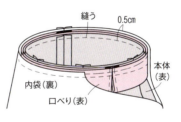

3 口べりの外側に、中表に輪に縫い、底を絞ってとめた内袋を合わせて縫います。

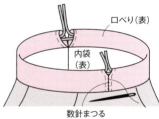

4 内袋を本体の中に入れ、口べりをおこし、ひも通し口の下側を数針まつります。

布の返し方

ピンセットで引き出す

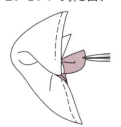

目打ちで角を出す

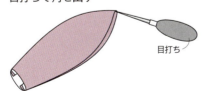

ストローを使って返す

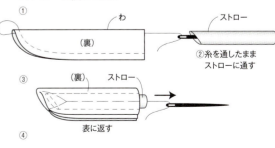

綿の入れ方

小さくちぎって入れる

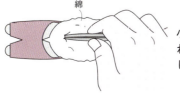

小さめにちぎった綿を入れ口からピンセットで少しずつ入れます。

お正月の輪さげ　口絵p.5

■**材料**〈組み立てる材料〉クラフトテープ1.5cm幅170cm、薄厚紙1.5×50cm、太さ3mm打ちひも30cm、2mm打ちひも30cm、1mm打ちひも120cm、縮緬10×60cm、キルト綿1.5×55cm、房1個、ビーズ16個、スプリングホック4個、絹糸適宜
〈**ちりめん細工**〉七宝まり大1個、小2個、羽根2個、羽子板2個、亀袋2個、折り鶴袋2個、こま2個、火打ち2個、梅4個、ちりめん玉6個

■**でき上がり寸法**　直径約17×54cm
■**作り方**
1. 図を参照して輪を作る。
2. ちりめん細工を作る。
3. 輪につるしひもをつける。
4. 梅、七宝まりの順番につるし、3と束ねてちりめんでくるむ。下にひも結びと房をつける。
5. 図を参照し、ちりめん細工とビーズを順番に通しスプリングホックをつける。4本作り輪の内側に引っ掛ける。

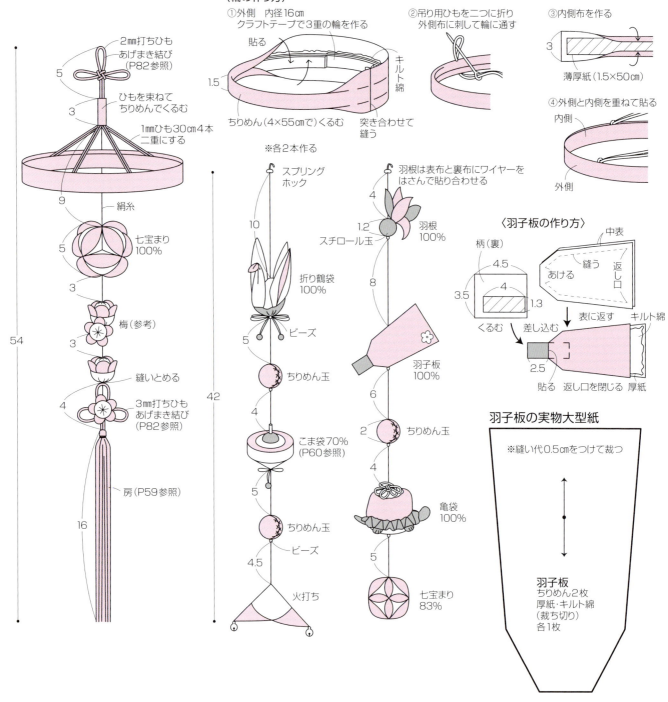

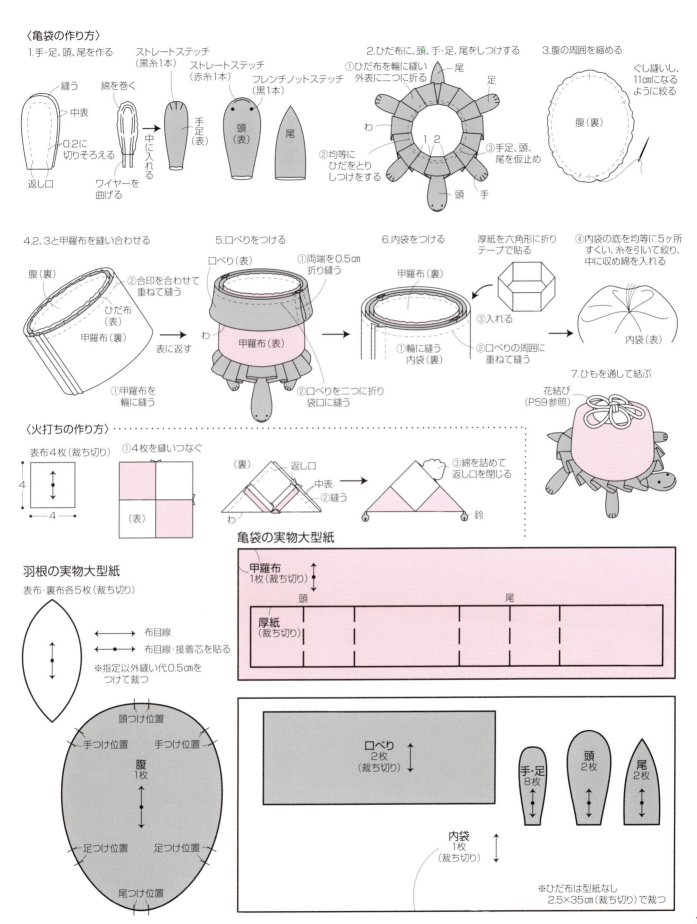

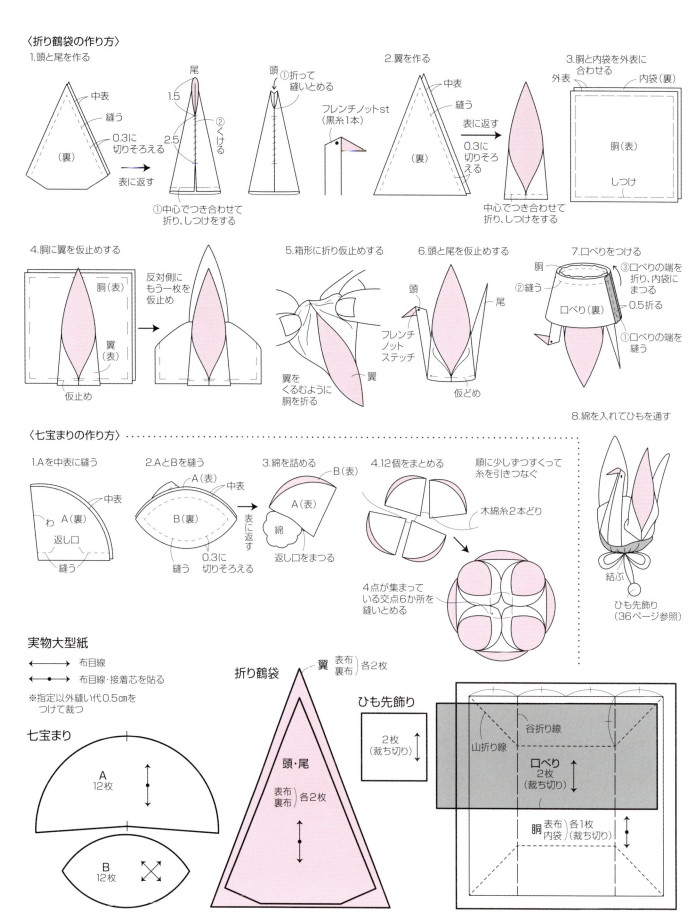

おもちゃづくしのつるし飾り　口絵p.4

■**材料〈組み立てる材料〉**クラフトテープ1.5cm幅170cm、薄厚紙1.2×50cm、太さ3mm打ちひも30cm、1.5mm打ちひも10cm、1mm打ちひも80cm、縮緬7×60cm、房1個、ビーズ16個、スプリングホック5個、絹糸適宜
〈ちりめん細工〉犬張子1個、でんでん太鼓9個、風船袋4個、まり8個
■**でき上がり寸法**　直径約17×58cm

■**作り方**
1. 図を参照して輪を作る。
2. ちりめん細工を作る。
3. 輪につるしひもをつける。
4. 犬張子、でんでん太鼓の順番につるし、3と束ねてちりめんでくるむ。犬張子の腹にひも結びと房をつける。
5. 図を参照し、ちりめん細工とビーズを順番に通しスプリングホックをつける。4本作り輪の内側に引っ掛ける。

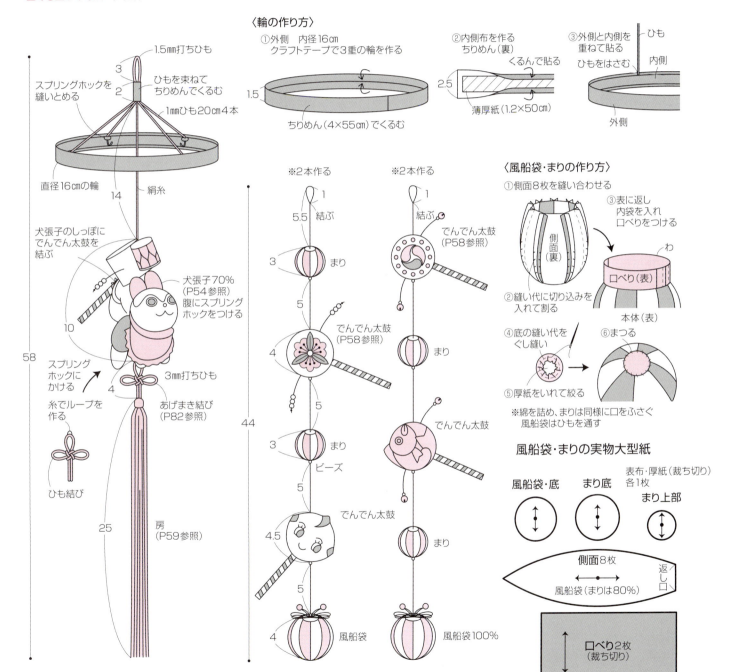

梅とおしどりの二連飾り　口絵p.6

- ■材料〈組み立てる材料〉太さ2mm打ちひも150cmを2本
- 〈ちりめん細工〉梅袋10個　おしどり袋一対
- ■でき上がり寸法　約9.5×46cm
- ■作り方
1. ちりめん細工を作る。
2. つるし用ひもの中心に梅結びを作る。図を参照しつゆ結びをした所にちりめん細工を縫いとめる。

牡丹の一連飾り　口絵p.3

- ■材料〈組み立てる材料〉太さ2mm打ちひも80cm、ビーズ6個、絹糸適宜
- 〈ちりめん細工〉牡丹袋3個、飾り玉3個、ビーズ7個、絹糸適宜
- ■でき上がり寸法　約20×54cm
- ■作り方
1. ちりめん細工を作る。
2. 菊結びを作る。
3. 図を参照してちりめん細工とビーズを順番に通し、上にひも結びをつける。

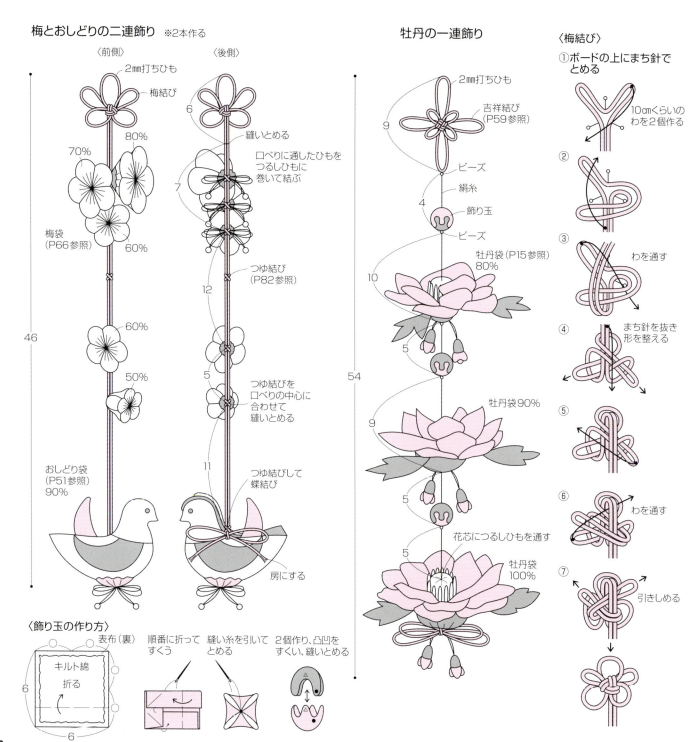

出目金の二連飾り　口絵p.8

- ■材料〈組み立てる材料〉太さ1mm打ちひも50cmを2本、水草用太さ2mm打ちひも240cm、ビーズ4個
- 〈ちりめん細工〉出目金袋2個、金魚袋2個
- ■でき上がり寸法　約14×32cm
- ■作り方
1. ちりめん細工を作る。
2. 図を参照しビーズ、ちりめん細工の順にひもに通し、上をひと結びして輪を作る。
3. 水草を作りつるしひもに縫いとめる。

ざくろと松笠の一連飾り　口絵p.9

- ■材料〈組み立てる材料〉太さ1.5mm打ちひも緑・朱色各120cm
- 〈ちりめん細工〉ざくろ3個、松笠2個
- ■でき上がり寸法　約12×54cm
- ■作り方
1. ちりめん細工を作る。
2. 図を参照しちりめん細工をひもに通す。

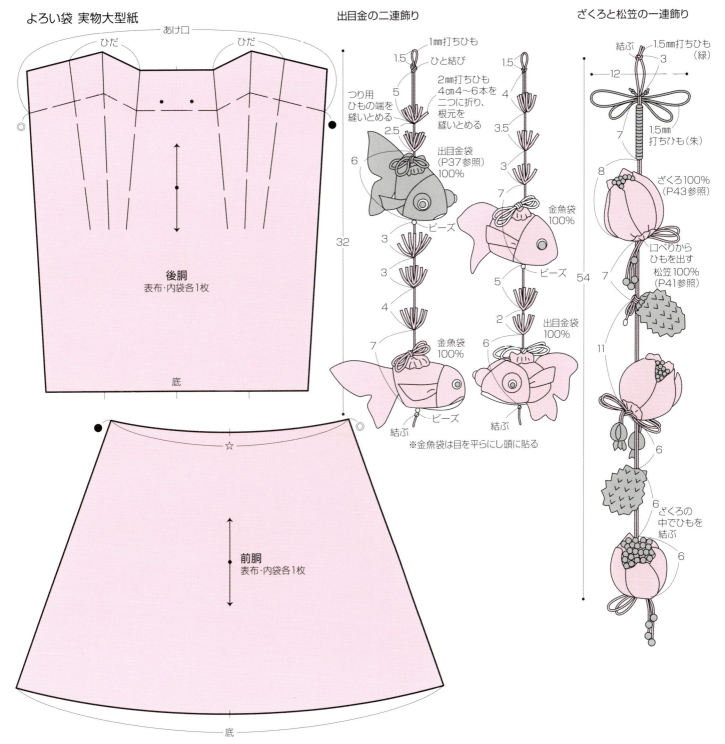

柿の二連飾り　口絵p.47

- ■材料〈組み立てる材料〉太さ1.5mm打ちひも120cmを2本
- 〈ちりめん細工〉柿袋10個
- ■でき上がり寸法　約4×40cm
- ■作り方
1. ちりめん細工を作る。
2. つるし用ひもの中心に吉祥結びを作る。図を参照し柿袋の枝にひもを巻き付けながら順番に縫いとめる。

鉄線の一連飾り　口絵p.2

- ■材料〈組み立てる材料〉太さ3mm打ちひも150cm、ちりめん適宜
- 〈ちりめん細工〉鉄線袋5個
- ■でき上がり寸法　約10×63cm
- ■作り方
1. ちりめん細工を作る。
2. ひもの中心にあげまき結びを作る。
3. 図を参照にしてひもにちりめん細工を順番に縫いとめる。

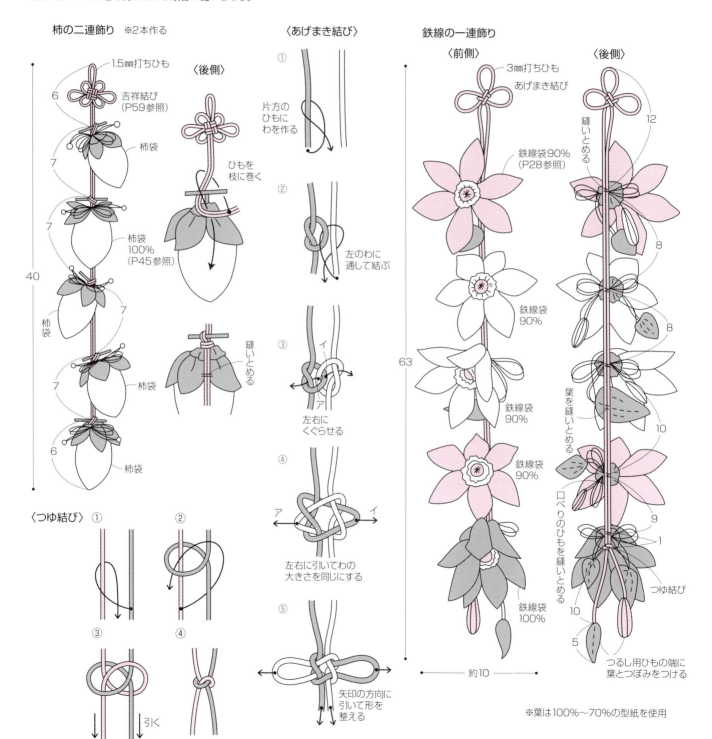

菊の一連飾り　口絵p.9

■材料〈組み立てる材料〉太さ1.5mm打ちひも60cm、太さ1mm打ちひも70cm、ビーズ5個
〈ちりめん細工〉菊袋3個、つぼみ3個
■でき上がり寸法　約16×50cm
■作り方
1. ちりめん細工を作る。
2. 菊結びを作る。図を参照しちりめん細工、ビーズの順にひもに通して上に菊結びをつける。

くす玉飾り　口絵p.57

■材料〈組み立てる材料〉ちりめん赤(房・ひだ・つるし用)10×130cm、緑・白・黄色・紫(房・つるし用) 5×50cm、水色(土台用)17×35cm、柄・裏布各20×15cm、太さ1.5mm打ちひも60cm、キルト綿12×12cm、スプリングホック2個、テクノロート250cm、厚紙12×25cm、穴糸・つめ綿各適宜
〈ちりめん細工〉橘1個、梅・桜・菊・かきつばた各2個
■でき上がり寸法　約16×69cm
■作り方
1. ちりめん細工を作る。
2. つるし用あわじ結びを作る。
3. 前側、後側を作り2をはさんで貼り合わせる。
4. 前側にちりめん細工を貼る。
5. 房を作って4に引っ掛ける。

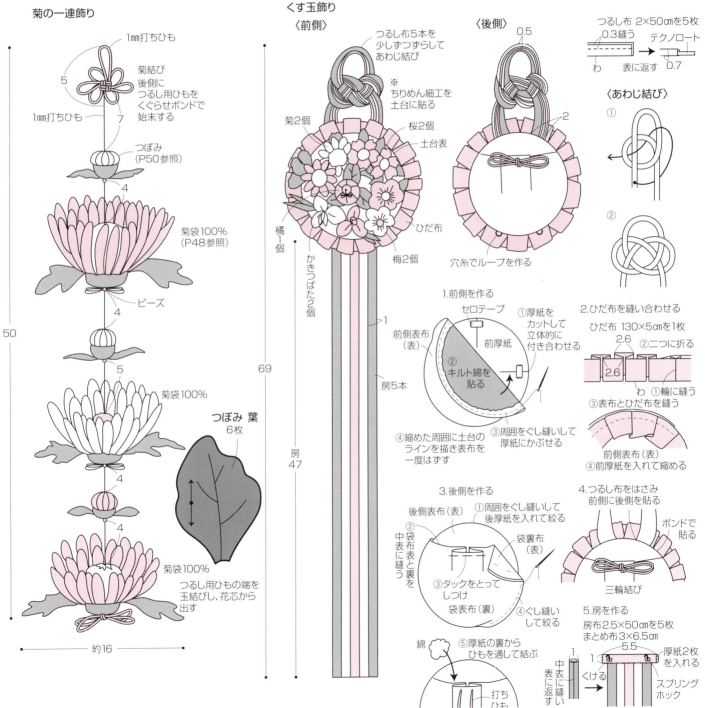

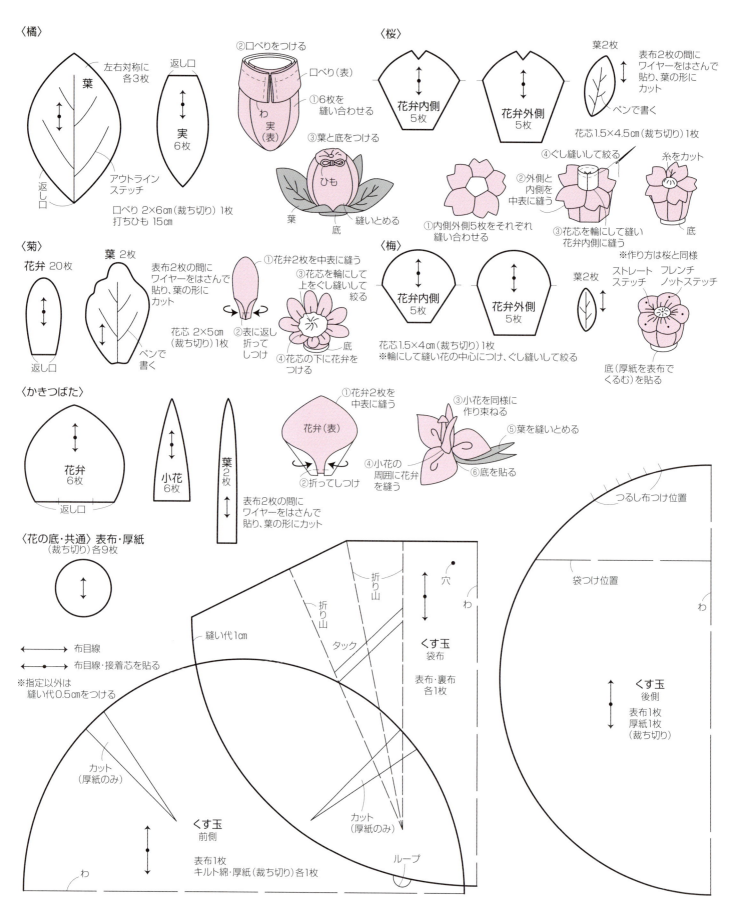

ばらの一連飾り 口絵p.7

- ■材料〈組み立てる材料〉太さ3mm打ちひも100cm、ちりめん緑・ワイヤー・絹糸緑各適宜
- 〈ちりめん細工〉ばら袋3個、葉4個、おもり
- ■でき上がり寸法　約9×60cm
- ■作り方
1. ちりめん細工を作る。
2. つるしひもにあげまき結びを作り、図を参照しばら袋を縫いとめる。葉を作り縫いとめる。

端午の一連飾り 口絵p.23

- ■材料〈組み立てる材料〉太さ1mm打ちひも40cm、太さ1.5mm打ちひも100cm
- 〈ちりめん細工〉菖蒲袋2個、かぶと袋1個、鎧袋1個
- ■でき上がり寸法　約10×34cm
- ■作り方
1. ちりめん細工を作る。
2. 図を参照しちりめん細工を打ちひもに通す。
3. 違うひもで吉祥結びを作り2のつりひもを結び目に引っ掛けて結ぶ。

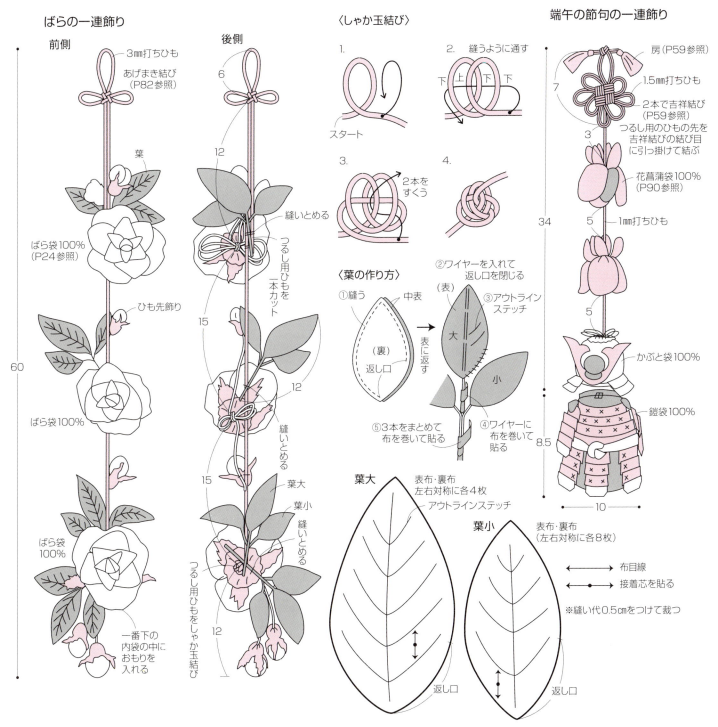

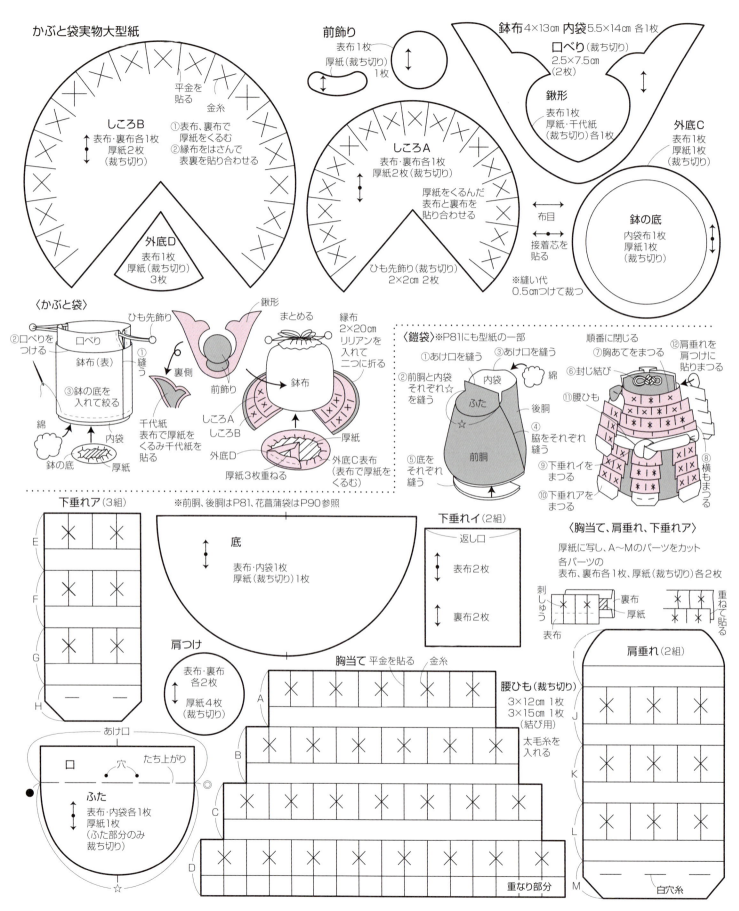

蟬と朝顔の二連飾り　口絵p.36

■材料〈組み立てる材料〉太さ2mm打ちひも80cmを2本、太さ1.5mm金打ちひも50cmを2本、太さ1mm打ちひも50cmを2本
〈ちりめん細工〉蟬6個、朝顔小4個
■でき上がり寸法　約6×60cm
■作り方
1. ちりめん細工を作る。
2. 玉房結びを作る。
3. 図を参照してひもにちりめん細工を順番に縫いとめる。

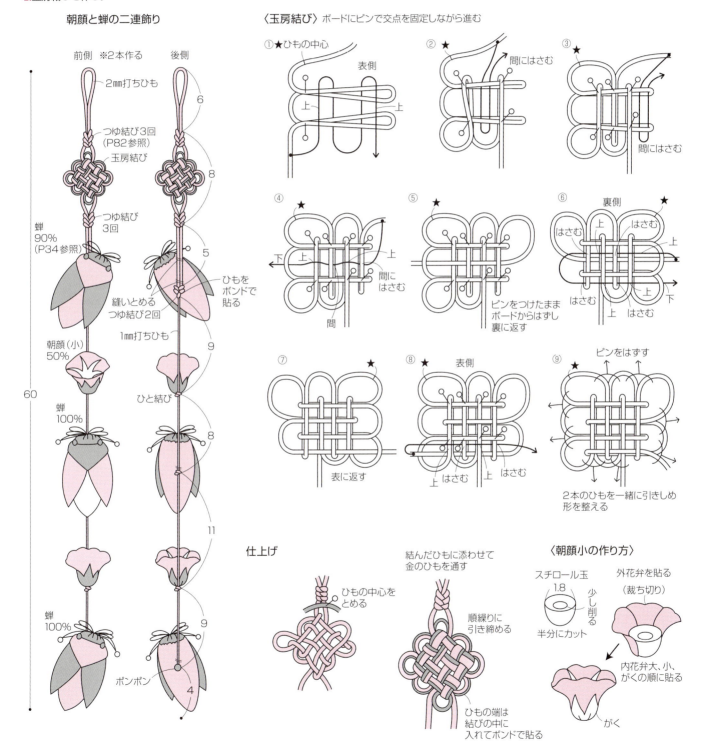

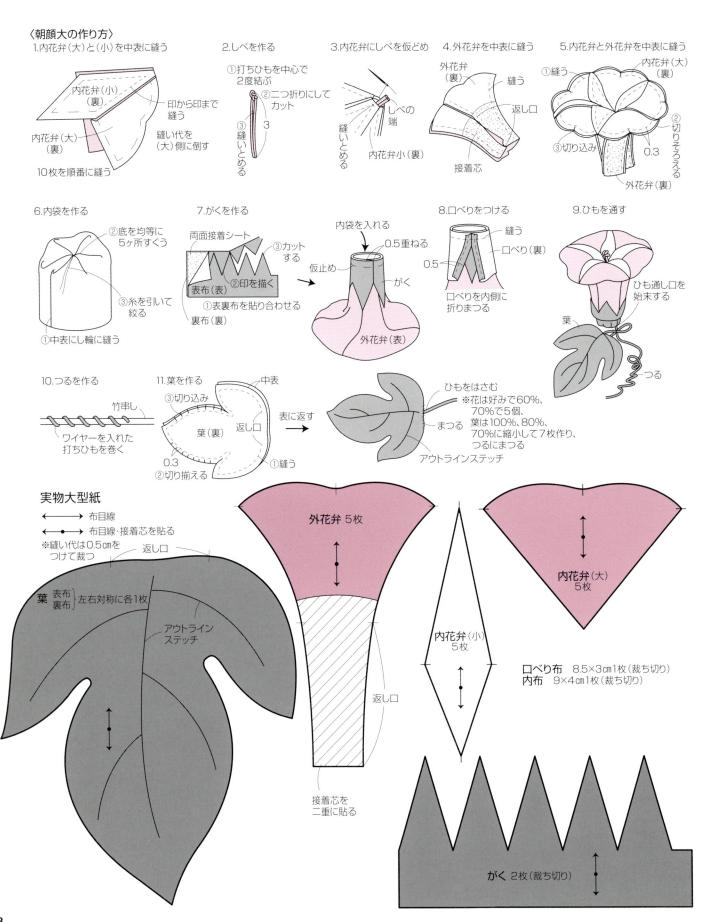

四季の花のつるし飾り　口絵p.1

■**材料〈組み立てる材料〉** クラフトテープ1.5cm幅180cm、薄厚紙1.5×70cmを3枚、1.5mm打ちひも40cm、1mm打ちひも赤120cm・緑60cm、ちりめん5×60cmを3枚・赤(輪巻き用)適宜、房1個、ビーズ20個、スプリングホック5個、絹糸適宜
〈ちりめん細工〉菜の花袋1個、八重桜袋2個、桔梗袋1個、糸菊袋2個、椿袋2個、水仙袋1個、がく紫陽花袋2個、朝顔袋1個、八重梅袋1個、くくり猿大1個、くくり猿中8個、くくり猿小2個

■**でき上がり寸法** 直径約19×52cm
■**作り方**
1. 図を参照して輪を作る。
2. ちりめん細工を作る。
3. 輪につるしひもをつける。
4. 中心のひもにくくり猿小、菜の花袋の順番につるし、上にホックをつける。下にひも結びと房をつけ3に引っ掛ける。
5. 図を参照し、ちりめん細工とビーズを順番に通しホックをつける。4本作り輪に引っ掛ける。

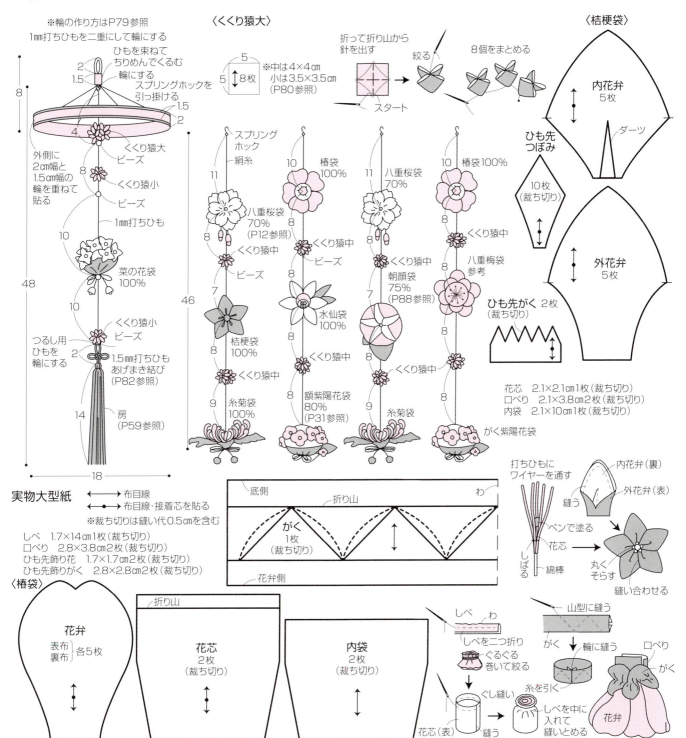

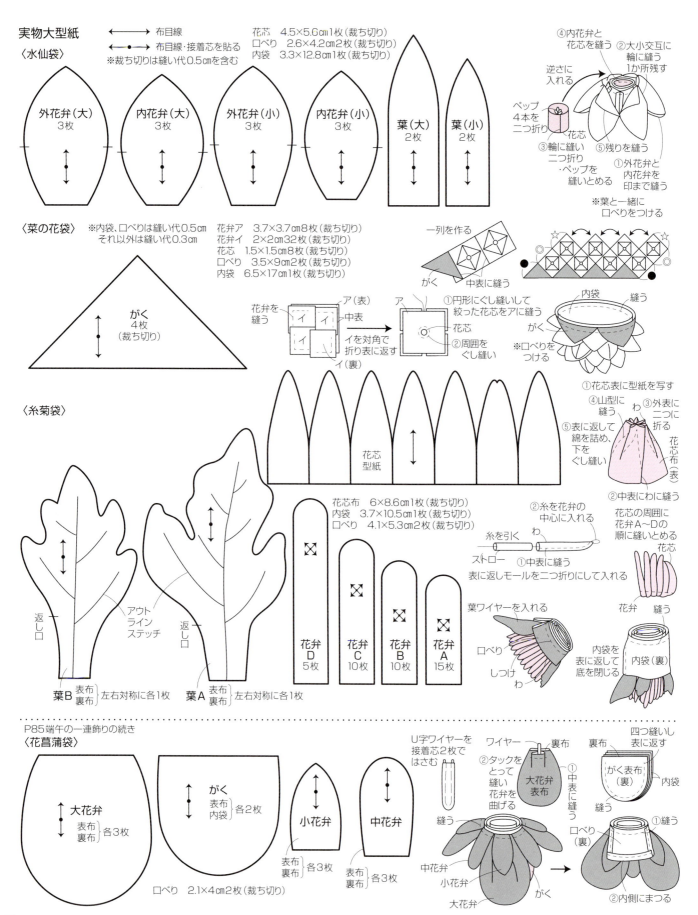

桜と橘のくす玉

口絵p.65

- ■材料〈組み立てる材料〉4mm打ちひも100cm、房1個、直径8cm発泡スチロール玉1個、緑系電竜紙20×30cm、導線適宜
- 〈ちりめん細工〉桜・橘共（大）5個、（小）30個
- ■でき上がり寸法　直径10×40cm
- ■作り方
1. 図を参照しつまみ細工を作る。
2. ひも結びを作る。
3. スチロール玉に穴をあけて電竜紙を貼る。
4. 3の横中心に（大）を貼る。上下の空いている面に（小）を貼って埋める。
5. 上下の穴にひもを差し込んでボンドでとめる。

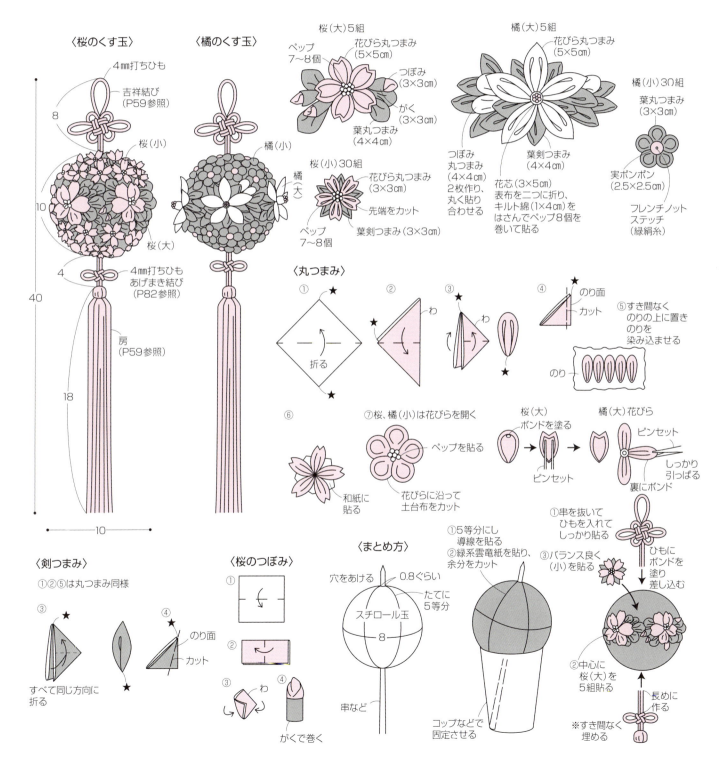

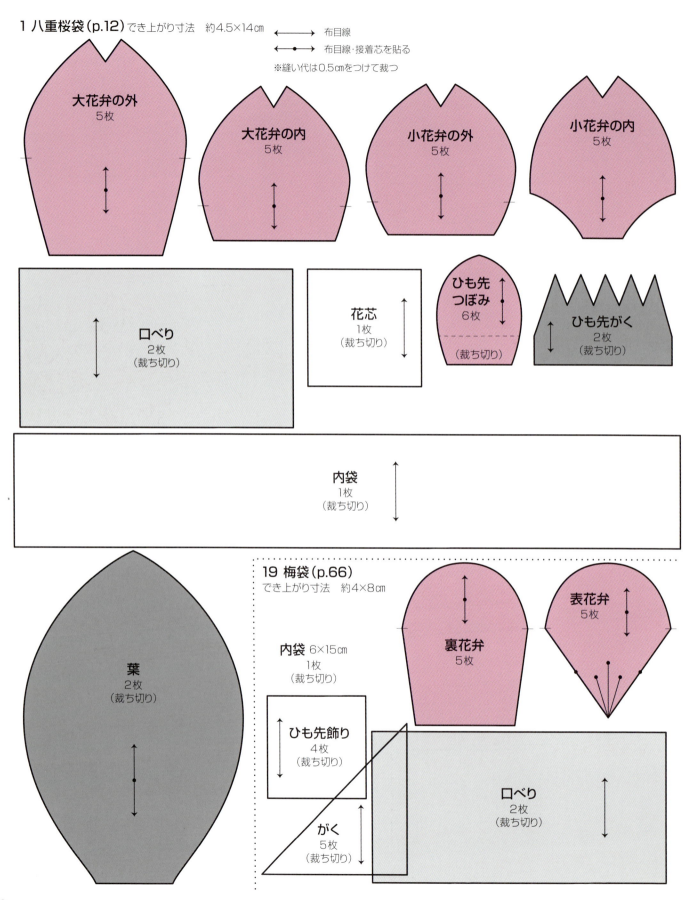

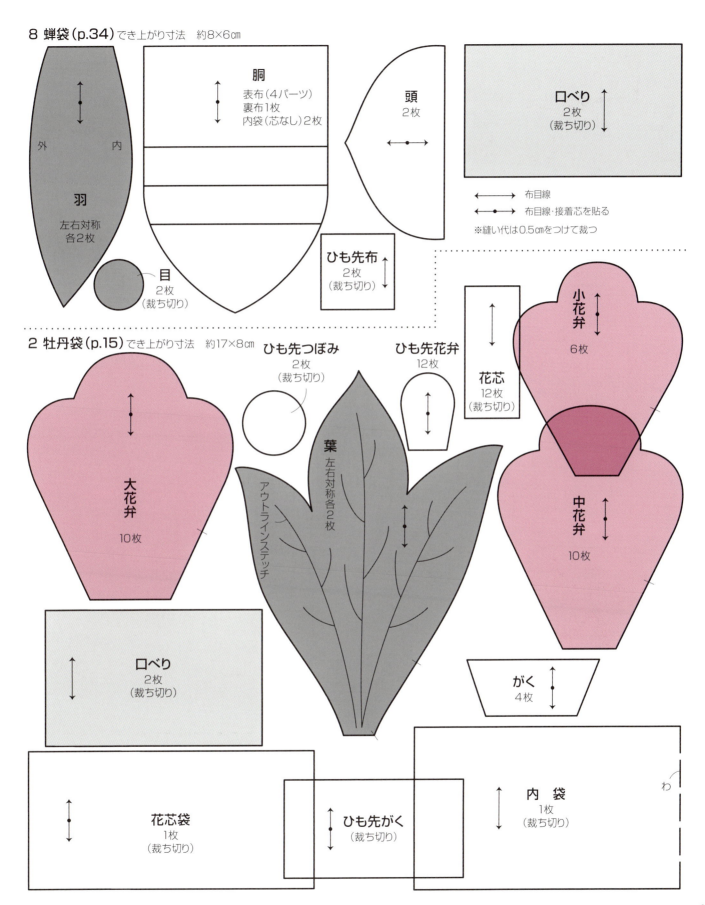

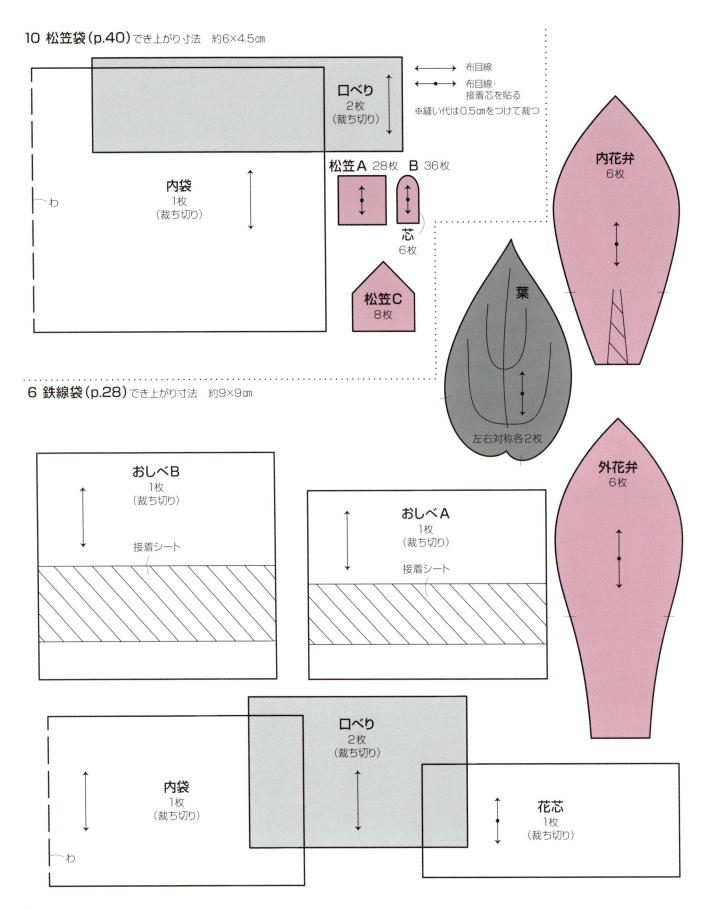

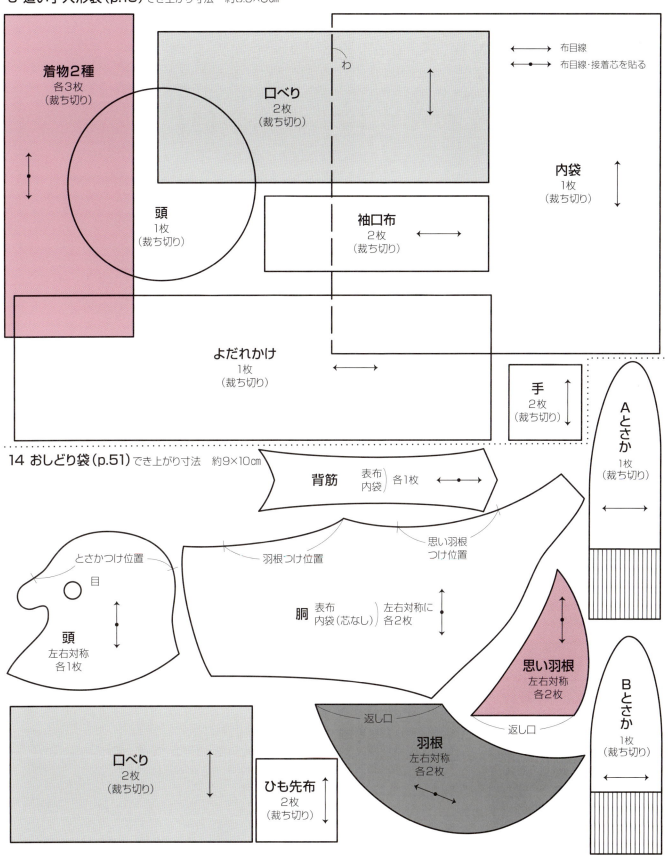

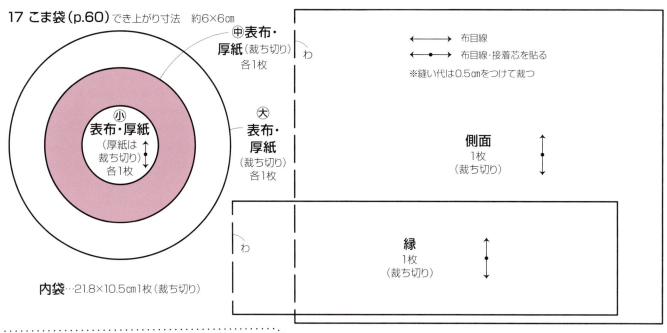
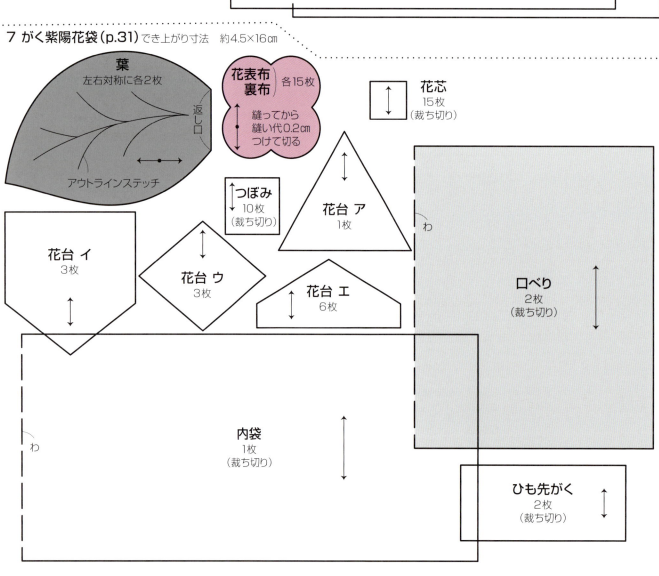

4 竹の子袋 (p.21) でき上がり寸法 約14.5×5cm

内袋…8×16cm1枚（裁ち切り）　←→ 布目線
口べり…7.5×8.5cm2枚（裁ち切り）　←•→ 布目線・接着芯を貼る

※縫い代は0.5cmをつけて裁つ

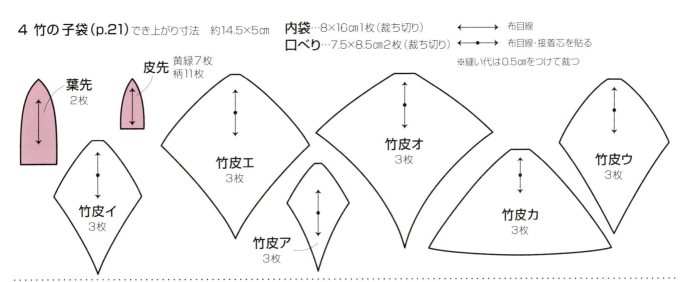

5 ばら袋 (p.24) でき上がり寸法 約5.5×9cm

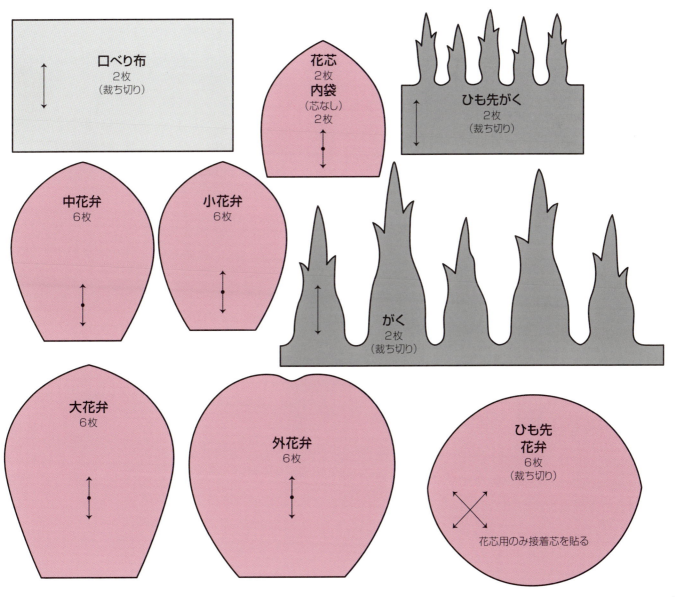

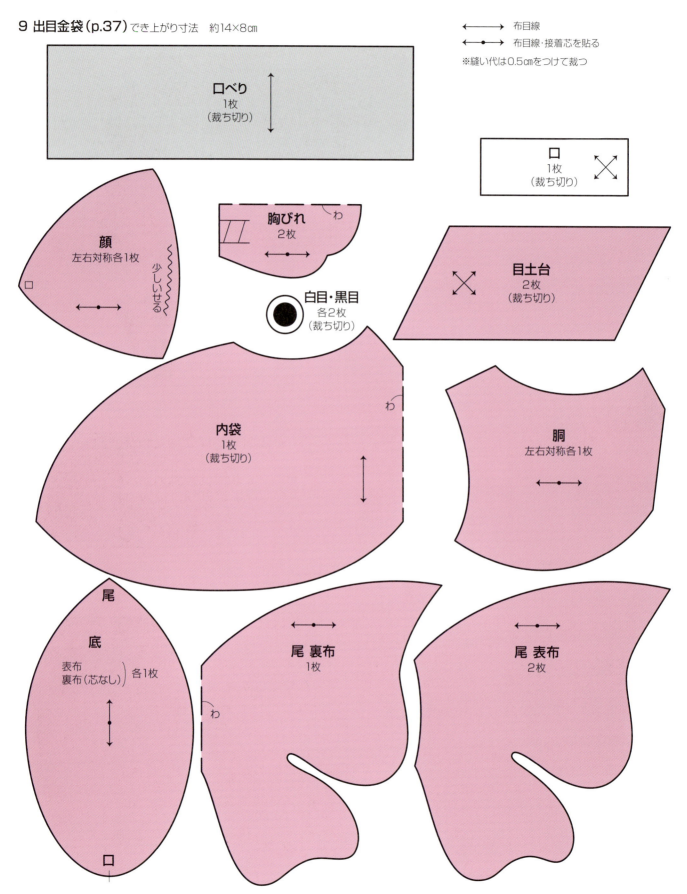

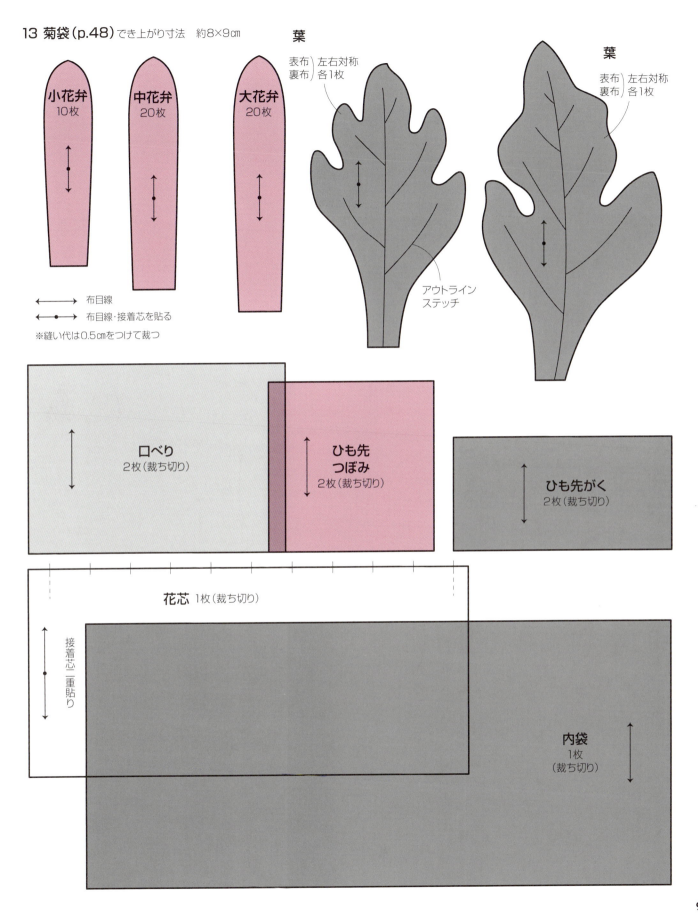

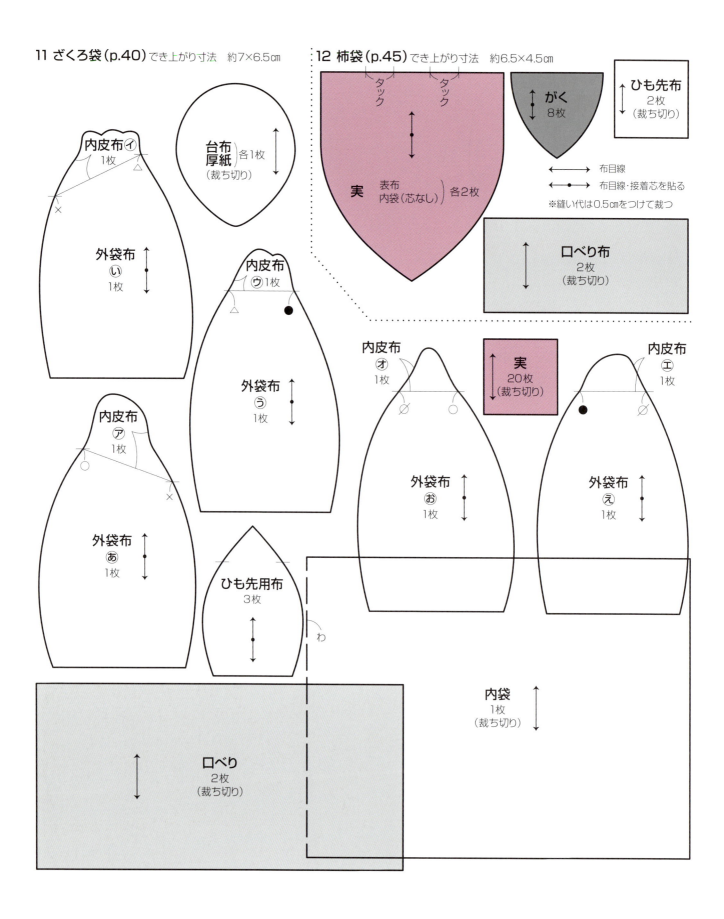

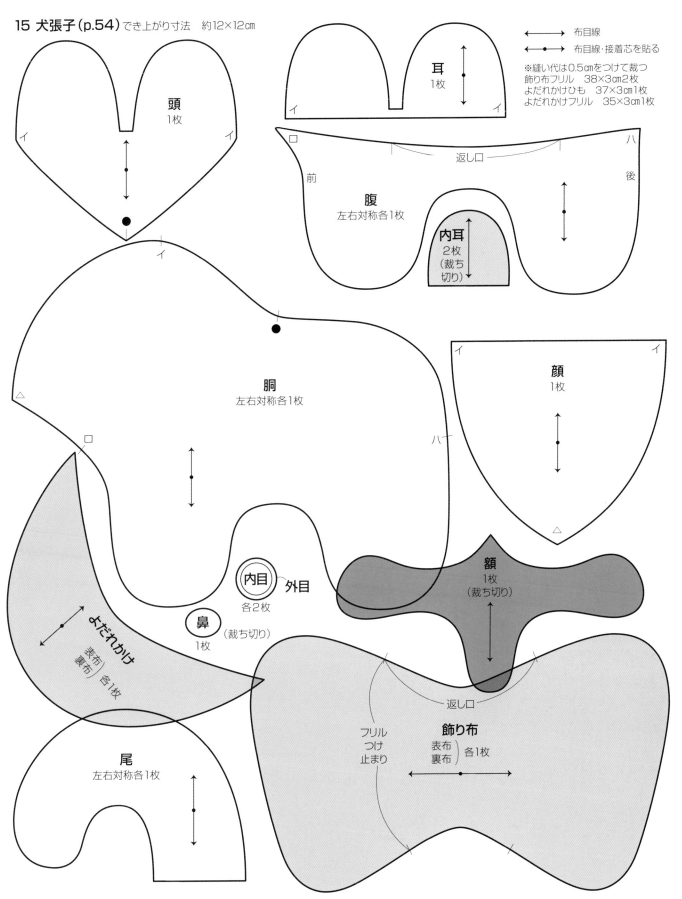

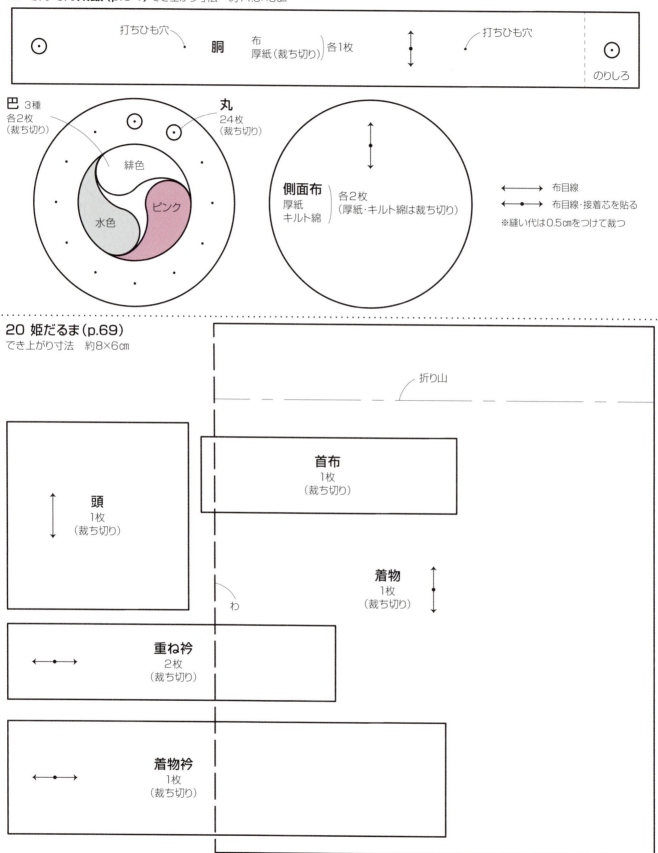

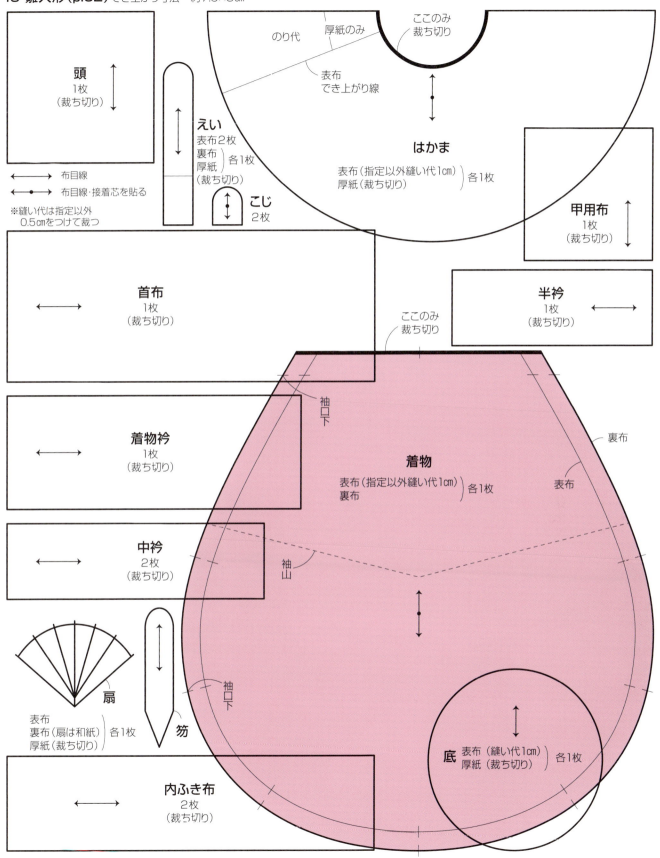

井上重義（いのうえしげよし）

1939年兵庫県姫路市生まれ。1963年より日本の郷土玩具の収集と調査研究に取り組み、1974年に玩具博物館を個人で設立。現在、6棟の建物に国内外の資料9万点を収蔵展示し、わが国を代表する玩具博物館を築く。「子供や女性の文化に光を」との信念から、ちりめん細工の資料収集と調査にも取り組み、3000点を超す資料を収蔵。1986年からちりめん細工の普及と質の向上に努める。著書に「ちりめん細工つるし飾りの基礎」(日本ヴォーグ社)、「ふるさと玩具図鑑」(平凡社)など多数。兵庫県文化賞、地域文化功労者文部科学大臣表彰、サントリー地域文化賞など受賞。

基礎からわかる
ちりめん細工のつるし飾り

発行日／2016年2月24日　第1刷
　　　　2016年6月23日　第3刷
発行人／瀬戸信昭
編集人／森岡圭介
発行所／株式会社日本ヴォーグ社
〒162-8705　東京都新宿区市谷本村町3-23
TEL 03-5261-5026（編集）
　　 03-5261-5081（販売）
振替／00170-4-9877
出版受注センター　TEL 03-6324-1155
FAX 03-6324-1313
印刷所／株式会社東京印書館
Printed in Japan ©SHIGEYOSHI INOUE 2016
ISBN978-4-529-05529-1 C5077
NV70335

●本誌の複写に関わる複製、上映、譲渡、公衆送信（送信可能化を含む）の各権利は株式会社日本ヴォーグ社が管理の委託を受けています。
● JCOPY〈(社)出版者著作権管理機構 委託出版物〉
本書の無断複写は著作権法上での例外を除き禁じられています。複写される場合は、そのつど事前に、(社)出版者著作権管理機構（電話 03-3513-6969、FAX 03-3513-6979、e-mail : info@jcopy.or.jp）の許諾を得てください。
●万一、乱丁本、落丁本がありましたら、お取替えいたします。お買い求めの書店か小社販売部へお申し出ください。

立ち読みもできるウェブサイト
「日本ヴォーグ社の本」
http://book.nihonvogue.co.jp

掲載作品の協力者

日本玩具博物館のちりめん細工講座で長年研鑽され、同館認定講師として全国各地で活躍中の皆さまです。

赤井春子(兵庫県)	岩本弘子(兵庫県)
梅川久仁子(兵庫県)	清元瑩子(兵庫県)
小島悠紀子(静岡県)	酒居美幸(兵庫県)
芝田美恵子(兵庫県)	坂東俊子(徳島県)
藤本保子(兵庫県)	南 尚代(千葉県)
秋田なをみ(兵庫県)	石田りつ子(兵庫県)
石島博子(茨城県)	井上曜子(神奈川県)
大西初美(兵庫県)	奥田絹江(東京都)
岸 記子(兵庫県)	黒田正子(兵庫県)
小玉聖子(秋田県)	鈴木幸子(神奈川県)
高橋公子(新潟県)	竹内友美(神奈川県)
辻 芳子(神奈川県)	寺嶋智恵子(兵庫県)
仲嶋真弓(兵庫県)	浜 公子(広島県)
番場英子(千葉県)	松井七重(神奈川県)
三宅京子(大阪府)	三好裕子(東京都)
宗片由美子(山形県)	森重耐子(山口県)

STAFF
撮影／山本正樹(口絵)
　　　白井由香里(プロセス・切り抜き)
スタイリスト／田中まき子
ブックデザイン／鷲巣デザイン事務所
イラスト・実物大型紙トレース／
　株式会社　WADE　関 和之
編集協力／鈴木さかえ
編集担当／寺島暢子

用具協力
クロバー株式会社
大阪府大阪市東成区中道3-15-5
TEL 06-6978-2277（お客様相談室）

この本に関するご質問は、お電話またはWebで
書名／基礎からわかる
　　　ちりめん細工のつるし飾り
本のコード／NV70335
担当／寺島
Tel : 03-5261-5083（平日13:00〜17:00受付）
Webサイト「日本ヴォーグ社の本」
http://book.nihonvogue.co.jp/
※サイト内（お問い合わせ）からお入りください。（終日受付）
（注）Webでのお問い合わせはパソコン専用となります

日本玩具博物館

〒679-2143　兵庫県姫路市香寺町中仁野671-3
TEL 079-232-4388　FAX 079-232-7174
http://www.japan-toy-museum.org
http://www.chirimenzaiku.org
●交通／JR姫路駅から播但線で約16分の香呂駅下車、東へ徒歩約15分。
車は播但連絡道路船津ランプから西へ約5分。
●開館時間／午前10時〜午後5時
●休館日／毎週水曜日(祝日は開館)、年末年始は12月28日〜1月2日まで。

■ちりめん細工　講座と材料
●講座／日本玩具博物館認定講師による講座が同館ほか秋田、山形、仙台、東京、横浜、静岡、名古屋、新潟、奈良、京都、大阪、神戸、福山、萩、徳島、高知、北九州などで開催されています。
●材料／ちりめん細工の普及と質の向上のために、ちりめん細工作りに適した正絹二越縮緬、正絹打ちひも、下げ飾り棒、下げ飾り台などを日本玩具博物館ミュージアムショップで取り扱っています。それらを紹介した見本帳(A4・14頁)を無料進呈中です。日本玩具博物館まで電話かFAXでお申し込み下さい。

■材料のお問い合わせは上記日本玩具博物館までお電話またはファックスにてお願いいたします。

あなたに感謝しております
We are grateful.
手づくりの大好きなあなたが、
この本をお選びくださいまして
ありがとうございます。
内容の方はいかがでしたでしょうか？
本書が少しでもお役に立てば、
こんなにうれしいことはありません。
日本ヴォーグ社では、
手づくりを愛する方とのおつき合いを大切にし、
ご要望におこたえする商品、
サービスの実現を常に目標としています。
小社および出版物について、
何かお気づきの点やご意見がございましたら、
何なりとお申し出ください。
そういうあなたに、私共は常に感謝しております。

株式会社日本ヴォーグ社　社長　瀬戸信昭
FAX 03-3269-7874

日本ヴォーグ社関連情報はこちら
（出版、通信販売、通信講座、スクール・レッスン）

http://www.tezukuritown.com/